农业与农村经济管理丛书

农村小额保险

编著者
凌　湄　王卫国
袁淑辉　宋广军

金盾出版社

内 容 提 要

本书从农村小额保险的概念入手，详细介绍了农村小额人身保险与农村小额财产保险，具体包括人寿保险、意外伤害保险、养殖保险、农作物保险、蔬菜大棚保险、农房保险、森林保险、农机具保险、农村小额贷款保证保险等险种，并说明了农村小额保险如何投保、索赔与理赔。全书通俗易懂，内容由浅入深，实用性强。可作为广大农民、保险从业人员了解掌握农村小额保险的通俗读本，也可作为大中专院校金融保险专业师生的参考资料。

图书在版编目(CIP)数据

农村小额保险/凌湄等编著. --北京：金盾出版社，2013.1
（农业与农村经济管理丛书）
ISBN 978-7-5082-8008-0

Ⅰ.①农… Ⅱ.①凌… Ⅲ.①农村保险—基本知识—中国
Ⅳ.①F842.66

中国版本图书馆 CIP 数据核字(2012)第 271295 号

金盾出版社出版、总发行
北京太平路 5 号（地铁万寿路站往南）
邮政编码：100036 电话：68214039 83219215
传真：68276683 网址：www.jdcbs.cn
封面印刷：北京蓝迪彩色印务有限公司
正文印刷：北京万博城印务有限公司
装订：北京万博城印务有限公司
各地新华书店经销
开本：850×1168 1/32 印张：7.75 字数：187 千字
2013 年 1 月第 1 版第 1 次印刷
印数：1～6 000 册 定价：18.00 元

序

《国民经济和社会发展第十二个五年规划纲要》(以下简称《规划》)对“十二五”农业农村发展提出了新的要求,各级农业部门要紧紧围绕在工业化、城镇化深入发展中同步推进农业现代化的重大任务,扎实工作,开拓创新,努力开创“十二五”加快现代农业发展和社会主义新农村建设新局面。《规划》指出,推进“十二五”农业农村经济发展,要深入贯彻落实科学发展观,坚持统筹城乡发展方略,以推进农业科学发展为主题,以转变农业发展方式为主线,以确保国家粮食安全和农民持续较快增收为目标,着力强化政策、科技、装备、人才和体制支撑,着力夯实农业和农村经济发展基础,显著提高农业现代化水平、新农村建设水平和农民生活水平,为经济社会平稳较快发展和全面建设小康社会奠定坚实基础。

“十二五”期间,我国农业与农村经济发展中存在着许多突出的问题。满足农产品需求不断增长的资源约束压力依然很大,耕地保有量已经逼近18亿亩红线,耕地保护形势依然严峻,节水农业的发展尚有许多技术和政策问题没有解决。解决农产品供求和食品安全的政策有效性不足,政策目标有所偏差,没有从改善和优化食物分配结构方面考虑制定有效的解决农产品供求矛盾的政策,食品安全形势依然堪忧,监管制度和体系很不完善。收入差距还在继续扩大,城乡居民收入差距扩大,农村内部居民收入差距扩大。土地制度不完善,农民的合法权益没有得到充分保障,有意愿进行土地承包经营权流转的农户仍然面临操作层面的制度不完善,建设征地和建设用地制度中的一些根本性问题尚未得到解决。基本公共服务均等化目标的实现仍任重道远。农村金融供给和服务环境没有得到根本改善。

为了适应《规划》提出的农业农村发展的新要求，帮助解决我国农业与农村经济发展中存在的突出问题，河北农业大学经济贸易学院、商学院、人文学院与金盾出版社联袂推出符合中国国情的、有利于指导农业与农村发展的“农业与农村经济管理丛书”，包括《农产品期货贸易》《农村财政项目管理》《农村公共品投入及社区服务》《农村小额保险》《新型农村合作医疗》《农村新型社会养老保险》《农民自我发展与创业》《农民工工伤预防与处理》《农产品市场营销》《农村土地流转及征收》《乡镇企业融资管理》《中国农业保险》《农产品质量安全》《农民专业合作社管理与实务》。

本套丛书坚持“基础理论必要够用，使用语言通俗易懂，理论密切联系实际”的编写原则。适用范围比较宽泛，既适用于高等农林院校经济管理类专业、农学专业、农村区域发展专业等各相关专业本科生使用，也可作为农村基层干部、农业技术人员、经济管理人员的学习和培训用书，同时也可作为广大农民自我提高的有益读本。

该套丛书的出版，将有助于农村基层干部、广大农民及其他农业从业人员了解新时期的农村现状，掌握相应的基本理论和知识，提高他们的综合素质，相信对我国农业与农村经济的持续稳定发展大有裨益。

前　言

小额保险是一类面向低收入人群，为其提供具有保费低廉、保障适度、保单通俗、核保理赔简单等特点的保险产品的总称，是小额金融的重要组成部分，也是一种有效的金融扶贫手段。

2008 年 6 月 17 日，中国保监会出台了《农村小额人身保险试点方案》，标志着我国农村小额保险的正式启动。2010 年中央一号文件提出："积极扩大农业保险保费补贴的品种和区域覆盖范围，加大中央财政对中西部地区保费补贴力度。鼓励各地对特色农业、农房等保险进行保费补贴。发展农村小额保险，健全农业再保险体系，建立财政支持的巨灾风险分散机制。"截至 2010 年年底，农村小额保险覆盖范围扩大到 24 个省，参保人数已超过 2 000 万人。可以说，农村小额保险是为农村低收入人群提供基本风险保障的重要手段之一。

在推广农村小额保险的过程中，很多农民朋友对农村小额保险不是很熟悉，加之保险知识比较欠缺，保险意识比较薄弱，对国家的农业保险政策还不太了解，在一定程度上阻碍了农村小额保险这一新生事物的推广速度和力度。因此，为了广泛普及农村小额保险基础知识，培育农民朋友的保险需求，在金盾出版社的大力支持下，我们编写了这本通俗读物。

全书分为风险与保险、农村小额保险概述、农村小额保险发展的政策依据、农村小额人身保险、农村小额财产保险、农村小额保险的经营、农村小额保险的投保、农村小额保险索赔与理赔等八大部分。在编写过程中，参考了很多专家学者已有的研究成果，在此表示衷心的感谢！另外，由于时间仓促，书中错误在所难免，敬请广大读者和专家学者批评指正！

编著者

目 录

第一章　风险与保险

【案例导读】

2012上半年各类自然灾害共造成全国465人死亡[①]

中新网7月9日电 官方核定的数字显示，2012年上半年，各类自然灾害共造成全国11 336.1万人次受灾，465人死亡，97人失踪，直接经济损失773.8亿元。

据民政部网站消息，近日，民政部、国家减灾委办公室会同工业和信息化部、国土资源部、交通运输部、铁道部、水利部、农业部、卫生部、统计局、林业局、地震局、气象局、保监会、海洋局、中国红十字会总会等部门对2012年上半年全国自然灾害情况进行了会商分析。

经核定，2012年上半年，各类自然灾害共造成全国11 336.1万人次受灾，465人死亡，97人失踪，需应急救助1 150.4万人次，其中147.3万人次紧急转移安置；农作物受灾面积11 732.8千公顷，其中绝收988.5千公顷；18.6万间房屋倒塌，37.8万间严重损坏，80.8万间一般损坏；直接经济损失773.8亿元(不含港澳台地区数据)。

上半年，中国自然灾害以洪涝(含山体滑坡泥石流)、风雹为主，干旱、地震、低温冷冻、雪灾和台风等灾害也均有不同程度发生，灾情较近年同期偏轻。主要呈现以下特点：

一是雹洪灾害为主，总体损失偏轻。上半年，全国雹洪灾害造

① 2012年7月9日 来源：中国新闻网.

成死亡或失踪人数占因灾死亡失踪总数的92%，房屋倒损间数占比在总间数的70%以上；与2002年以来同期相比，自然灾害损失总体偏轻，除直接经济损失外，其余指标均低于近年同期均值。

二是重复受灾严重，损失集中中西部。上半年，全国1 900余个县(区、市)不同程度受灾，6成以上遭受2次以上灾害影响，近4成超过3次受灾；江西、湖南、广西、四川、云南、甘肃、新疆7省(自治区)因灾死亡或失踪人数占全国总数的近7成，紧急转移安置人次、倒损房屋数量和直接经济损失等指标占总数的5成以上。

三是山洪伤亡突出，局地灾情异常。强降雨引发部分山丘区发生山洪、滑坡和泥石流灾害，造成严重人员伤亡，特别是甘肃岷县特大冰雹山洪泥石流灾害和四川宁南县山洪泥石流灾害造成大量人员死亡和失踪；4～6月，南方地区先后出现18次暴雨过程，江南、华南局部地区连续受灾，内蒙古汛期提前，降水异常偏多，多地降雨量超过历史极值，作物大面积受灾，损失明显偏重。

四是区域旱灾显著，西部雪灾低温突出。云南、四川南部降水偏少，连续第三年遭受严重冬春连旱，华北、东北及内蒙古东部部分地区发生春旱，黄淮海地区部分区域因持续高温少雨旱情发展迅速(入汛以来，除黄淮部分地区外，全国大部旱情得到有效缓解)；上半年，西部部分地区遭受强暴雪和低温冻害，共造成121个县(区、市)和兵团44个团场受灾，占全国低温雪灾受灾县的7成以上。

五是风雹点多面广，沙尘影响偏晚。全国平均强对流日数15.1天，为2007年以来最多年份，除上海外的30省(自治区、直辖市)和新疆生产建设兵团均不同程度遭受风雹灾害，共计941个县(区、市、旗)受灾，占全国县区总数的近三分之一；首次沙尘天气发生时间比近十年平均偏晚1个多月，是2001年以来最晚的一年，沙尘灾害造成内蒙古、西藏、甘肃、青海、新疆等地大量蔬菜大棚坍塌，对农牧业生产影响较大。

六是台风损失轻微,中强震集中西部。中国先后受到“泰利”、“杜苏芮”两个热带气旋影响,其中“杜苏芮”初台登陆时间接近常年同期,造成轻微损失;大陆地区共发生10次5级以上地震,全部在西部地区,其中新疆中强地震持续活跃,共发生7次5级以上地震,最高震级为6月30日新源县与和静县交界处发生的6.6级地震。

风险无时不在,无处不在。人类社会的历史,就是一部不断地同各种风险作斗争的历史。常言说:天有不测风云,人有旦夕之祸。在现实生活中,不管是不测风云,还是旦夕之祸,都是与客观存在的风险密切相关的。没有风险,就不存在风险管理,也就谈不上什么保险了。保险是最为典型的一种风险管理制度,所以,首先要弄清楚什么是风险,风险的主要特征及主要的风险类型。

第一节 风险概述

一、风险的定义

风险是一种客观存在的,在一定条件下某种自然、生理及社会现象是否发生,对社会财富和生命安全是否造成损失,以及损失程度的不确定性。风险具有三个特性:客观性、损失性和不确定性。

(一)风险是一种客观状态

当我们说风险是一种状态时,它的实际含义是指,不论人们是否意识到,风险都是客观存在的。例如,自然界的地震、台风、洪水、社会领域的战争、冲突、瘟疫、意外事故等,都不以人的意志为转移,它们是独立于人的意识之外的客观存在。又例如现在人们都很清楚地知道,在有石棉的环境中工作会损害健康,进而慢慢丧失劳动能力。因为石棉中的有害物质会增加人们感染石棉沉着病的概率。而这种病会导致肺功能的降低,并易于诱发其他癌症。

但在四五十年前，沉着病却还是一种尚未查明的疾病。人们对此缺乏了解，并没有改变石棉从一开始就有致害物质，人们接触了它，就容易致病这样一个基本事实，也不影响其风险的大小。应当说，这种风险从人们第一次认识它到现在都是存在的。所以人们只能在一定的时间和空间内改变风险存在和发生的条件，降低风险发生的频率和幅度，而不能彻底消除风险。

(二)风险是与损失相关的状态

并不是任何一种客观存在的状态都是风险。风险是与损失相联系的。离开了可能将发生的损失，谈论风险就没有任何意义了。例如，绿树成荫的地方弥漫着清新的空气，据科学考证，人们在这里短时间地进行晨练，有助于身心健康。显然，这种客观状态与损失是不相关的，因此，它毫无风险可言。

(三)风险是损失的发生具有不确定性的状态

它有两层含义：一是可能存在损失；二是这种损失是不确定的。所谓不确定性是指是否发生不确定，发生的时间不确定，发生的空间不确定(即在什么地点发生不确定)，发生的过程和结果不确定(即损失程度不确定)。在与损失相关的客观状态中，如果能够万无一失地预测到损失的发生及多大程度的损失发生，则不存在风险，因为其结果是确定的，人们可以采取准确无误的方法来应付它们；如果肯定损失不会发生，也不存在风险，因为其结果也是确定的。只有当损失发生无法预料的时候，或者说，损失具有不确定性的时候，才有风险存在。

二、风险的分类

由于分类标准的不同，风险有许多种分类。这里选择四个方面的标准来对风险进行分类。按照风险的损害对象来分类，可以分为人身风险、财产风险、责任风险与信用风险；按照风险的起源与影响来分类，可以分为基本风险与特定风险；按照风险所导致的后果来分类，可以分为纯粹风险与投机风险；按损失发生的原因进行的分类，可以分为自然风险、社会风险、经济风险和政治风险。

(一)人身风险、财产风险、责任风险与信用风险

1. 人身风险　人身风险是指人们因早逝、疾病、残疾、失业或年老无依无靠而遭受损失的风险。如因为疾病、伤残、死亡、失业等导致个人、家庭或企业经济收入减少。生、老、病、死虽然是人生的必然现象，但在何时发生，并不确定，一旦发生，将给其本人或家属在精神和经济生活上造成困难。由于所有的损失最终都是要由人来承受的，因此，从某种意义上可以说，所有的风险损害对象都是个人。

2. 财产风险　财产风险是指因财产发生损毁、灭失和贬值而使财产的所有权人所遭受损失的风险。这种损失既有直接的，也有间接的。如果一个人的汽车在碰撞事故中受损，修理费用就是直接的损失，而为修理汽车所花费的时间和努力，以及可能的误工等，都属于间接损失。再比如，厂房、机器设备等因风险事故的发生，一方面直接导致厂房、机器设备的经济价值的减少，另一方面使企业不能再凭借这些厂房、机器设备获取正常的经济利益的利润损失。

3. 责任风险　责任风险是指因人们的过失或侵权行为造成他人的财产损毁或人身伤亡，在法律上必须负有经济赔偿责任的风险。在当今社会的任何一种法律制度下，任何一个人都应依法对其给他人造成的损害负赔偿责任。例如，汽车撞伤了行人，如果属于驾驶人的过失，那么他按照法律责任规定，就须对受害人或其家属给付赔偿金；又如，根据合同、法律规定，雇主对其雇员在从事工作范围内的活动中，造成身体伤害所承担的经济给付责任。

4. 信用风险　信用风险是指在经济交往中，权利人与义务人之间，由于一方违约或违法而给对方造成经济损失的风险。如出口方因进口方破产、进口许可证被撤销或拒收货物拒付货款等造成损失的风险。

(二)基本风险与特定风险

1. 基本风险 基本风险是风险的起源与影响方面都不与特定的人有关,指由非个人的或至少是个人往往不能阻止的因素所引起的、损失通常波及很大范围的风险。失业、战争、通货膨胀、地震和洪水等都属于基本风险。基本风险不仅影响一个群体或一个团体,而是影响到很大的一组人群,甚至整个社会。

2. 特定风险 特定风险是指由特定的因素所引起的,通常是由某些个人或者某些家庭来承担损失的风险。例如,由火灾、爆炸、盗窃等所引起的财产损失的风险,对他人财产损失和身体伤害所负法律责任的风险等。

由于基本风险主要不在个人的控制之下,又由于在大多数情况下它们并不是由某个特定的个人的过错所造成的,因此,应当由社会而不是个人来应付它们,这就产生了社会保险存在的必要性。由于特定风险通常被认为在个人的责任范围以内,因此,个人应当通过保险、损失防范和其他工具来应付这一类风险。

(三)纯粹风险和投机风险

1. 纯粹风险 纯粹风险是指只有损失机会而无获利可能性的风险。纯粹风险所导致的后果只有两种,或者损失,或者无损失,它并无获利的可能性。如火灾、水灾、车祸、坠机、死亡、疾病、战争等。纯粹风险能够预测,为风险管理的主要对象。

2. 投机风险 投机风险是指那些既存在损失可能性,也存在获利可能性的风险,它所导致的结果有三种可能性:损失、无损失和获利。例如,人们购买股票以后,必然面临三种可能结果:股票价格下跌,持股人遭受损失;股票价格不变,持股人无损失但也不获利;股票价格上涨,持股人获利。

对纯粹风险和投机风险做出区分是非常重要的。二者的区别在于:前者总是不幸的,事故发生则可能带来损失,故为人们所畏惧和厌恶;后者由于有可能获利,具有诱惑力,故有些人为了获利,甘愿冒这种风险。因为,一般来说,只有纯粹风险才是可保风险。保险人对于投机风险一般不予承保。

(四)自然风险、社会风险、经济风险和政治风险

1. 自然风险　自然风险是指由于自然现象或物理现象所导致的风险。如洪水、地震、风暴、火灾、泥石流等所致的人身伤亡或财产损失的风险。

2. 社会风险　社会风险是指由于个人行为的反常或不可预料的团体行为所致损失的风险。如偷窃、抢劫、罢工、动乱、战争等。其产生有两种情况:一是由于个人行为失常,如盗窃、疏忽等而引起损失的风险;二是由于不可预料的团体行为,如罢工、战争等引起损失的风险。

3. 经济风险　经济风险是指在生产和销售过程中,由于受各种市场供求关系、贸易条件、价格变化等因素的影响以及各种因素的变动或估计的错误,导致产量减少或价格涨跌所致损失的风险。它是在生产经营过程中,由于经营管理不善,市场预测错误,或者其他相关因素的变化导致的企业收入损失甚至破产的风险。

4. 政治风险　政治风险是由于种族宗教的冲突、叛乱、战争所引起的风险。社会风险与政治风险很难严格区分,如一项社会问题本为社会风险,但很可能因累积过久而导致成为政治问题,从而引起政治风险。

三、风险管理的对策

风险管理总的原则是:以最小的成本获得最人的保障。所以对纯风险的处理方法有回避风险、预防风险、自留风险和转移风险。

(一)回避风险

回避风险是指主动避开损失发生的可能性,对某种特定风险在时间和空间上回避，在风险来临前使标的的安全得到保障。它适用于防范那些损失发生概率高且损失程度大的风险。例如，有些电脑病毒是到某个特定的日期发作，我们就把电脑的日期重新设置，暂时避开病毒，等到有了杀毒软件再来杀毒。采用回避风险的方法防范风险，只有清楚地了解了风险发生的时间、对象及其规律，才能做到有的放矢。但是在现实生活中，并非所有的风险都可以回避或应该进行回避。在很多情况下，回避风险虽然有其可能性，但不一定具有可行性。回避某一类风险可能面临另一类风险，例如，人们害怕被水淹死而放弃使用水上交通，但改用其他交通工具，仍然存在着飞机坠毁、汽车翻车、火车出轨的风险。因此，某些回避风险的做法并不能真正消除风险。风险的回避是一种消极的风险处理手段，因为这往往需要放弃有利条件和可能获得的利益。例如，开发某种新产品肯定会面临风险，但在回避风险的同时也意味着放弃了新产品开发成功所可能带来的巨额利润。

（二）预防风险

预防风险是指采取预防措施来减少损失发生的可能性及损失程度。其目的在于通过消除或减少风险因素而达到降低风险频率。当已经知道某种特定风险的存在，但是很难回避时，可以通过对产生该风险的因素加以控制，来降低实际损失。例如开车，可以通过对造成交通事故的风险因素加以控制，或者提高开车技术，增加汽车的主动、被动安全设备（刹车系统、安全气囊等）和不要酒后驾车等措施来预防交通事故。对于农业保险来讲，预防风险的原则是尤为重要的。这就要求我国的保险公司应积极联合保险监管部门与相关机构做好对风险的预测和估计，同时要加大对风险的宣传，提高农民的风险预防意识，并积极指导和协助农民做好风险的预防。

（三）自留风险

自留风险即自己非理性或理性地主动承担风险，经济单位通过内部资金的融通(包括向别人借款)来抵御风险。自留即由企业或个人自己来承担风险。人们自留某些风险往往出于三种不同情况。第一种情况,人们对风险的严重性估计不足。许多人自己承担风险责任,并不是因为他们不知道这些风险,而是他们认为自己不大会遭受这些风险所造成的损失。他们常常会说:"这种事情是不会轮到我的。"他们不曾考虑的是,这种事情一旦发生,对他自己、对他的家庭都有可能是一场很大的灾难。对风险的无知态度常常会造成由一些个人或家庭自己来承担家庭成员的残疾或死亡风险的情形。第二种情况,人们经过慎重考虑而决定自己承担风险。因为这些风险可能造成的损失在经济上是微不足道的。这种损失即便发生,也只是给个人的生产或生活带来不便,而不会构成一种经济负担。第三种情况,在有些情况下,人们通过对风险和风险管理方法的认真分析与权衡,决定全部或部分地由自己来承担某些风险。这是因为,由自己采取相应的措施来承担风险比购买保险更经济和合算。在处理损失时,可以把它作为经营费用的一部分,或者通过对长期平均损失的估算,自己建立基金。自留风险的可行程度取决于损失预测的准确性和补偿损失的适当安排。当一个企业使用一种科学、合理的方法来自己承担可保风险时,我们称这样的企业为自保企业,它是在进行"自我保险"。自保的优点是可以节省开支。此外,由于风险自担,收益自留,自保企业还会积极主动地对企业的风险进行控制,使风险降至最低水平。它的缺点是,防险避险技术和分散风险的能力不如专业保险公司,因此一旦发生巨灾,其后果将是非常严重的。在做理性选择时,自留风险一般适用于那些发生概率小,且损失程度低的风险。当其他管理风险的方法不可取的时候,损失程度又不太严重,损失的大小能比较准确预测时,往往采取这种方法。其形式包括:将损失直接摊入经营成本,建立意外损失基金,借款,企业建立专门的自保公司。而对于小额保险的参与群体来说,相对能力有限,所以这就要求我们一定要权衡自己所面临和承受的风险，以及当风险发生后自己是否真正有能力解决和化解，而不能心存侥幸心理，否则一旦发生风险时，遭受的损失可能是无法估量的。

(四)转移风险

风险转移是一些单位或个人为避免承担风险损失而有意识地将风险损失或与风险损失有关的财务后果转嫁给另一单位或个人承担的一种风险管理方式。通过转移风险而得到保障，是应用范围最广、最有效的风险管理手段。

风险转移分为直接转移和间接转移。直接转移是风险管理人将与风险有关的财产或业务直接转移给他人；间接转移是指风险管理人在不转移财产或业务本身的条件下将与财产或业务的风险转移给他人。前者主要包括转让、转包等；后者主要包括租赁、保证、保险等。其中，转让是将可能面临风险的标的通过买卖或赠予的方式将标的所有权让渡给他人；转包是将可能面临风险的标的通过承包的方式将标的经营权或管理权让渡给他人；租赁是通过出租财产或业务的方式将与该项财产或业务有关的风险转移给承租人；保证是由保证人承诺由于债务人到期未履行义务时承担债权人的经济损失，债权人将所面临的风险由保证人承担的法律行为；保险则是通过支付保费购买保险将自身面临的风险转嫁给保险人。保险就是转移风险的重要风险管理手段之一。对于一般家庭、个人、中小企业，都会面临各种各样的风险，管理这些风险最经济的方式就是参加保险。而对于小额保险的被保险人来讲，大多都是中低收入者，所以这就导致了自身承受风险的能力相对较弱，通过参加保险把自己的风险转移到专业、控制风险和承担风险能力更强的保险公司，是一种最好的选择。

四、风险与保险的关系

风险与保险存在着密切关系，二者的研究对象都是风险，相辅相成，主要表现在以下三个方面。

第一，风险是保险产生和存在的前提，没有风险就没有保险，更不需要风险管理。风险是客观存在的，时时处处威胁着人的生命和物质财产的安全，是不以人的意志为转移的。风险的发生直接影响社会生产过程的继续进行和家庭正常的生活，因而产生了人们对损失进行补偿的需要。这时保险应运而生，保险作为一种被社会普遍接受的经济补偿方式，很大程度上弥补了损失，因此，风险是保险产生和存在的前提。

第二，风险的发展是保险发展的客观依据。随着社会进步、生产发展、现代科学技术的应用，在给人类创造新的生活条件的同时，也带来了新风险。新风险对保险提出了更高的要求，促使保险业不断完善原有的制度、设计新险种、开发新业务。所以说，风险的发展是保险发展的客观依据。正是因为有了风险的发展，之前一些高风险的行业也有可能纳入保险的责任范围。比如说核电、卫星发射等。

第三，保险是风险处理的传统有效的措施。人们面临的各种风险损失，一部分可以通过控制的方法消除或减少，但风险不可能全部消除。面对各种风险造成的损失，单靠自身力量解决，就需要提留与自身财产价值等量的后备基金，这样既造成资金浪费，又难以解决巨灾损失的补偿问题，从而，转移就成为风险管理的重要手段。保险作为转移方法之一，长期以来被人们视为传统的处理风险手段。通过保险，把不能自行承担的集中风险转嫁给保险人，以小额的固定支出换取对巨额风险的经济保障，使保险成为处理风险的有效措施。例如，企业为了应付各种风险，单靠本身力量，需要大量的后备基金。在大多数场合，这样做既不经济，也不能承受巨额损失。而如果通过保险，把不能由自己承担的集中性风险转嫁给保险人，就能够以小额的固定支出换取对巨额损失的经济保障。当发生风险时则能得到及时的赔付，对于恢复生产以及重建非常及时。因此,保险是风险管理所采用的处理风险的最有效的措施之一。

第二节 保险的定义与职能

人类社会从开始就面临着自然灾害和意外事故的侵扰,在与大自然抗争的过程中,古代人们就萌生了对付灾害事故的保险思想和原始形态的保险方法,不断寻求防灾避祸的方法。但真正意义上的保险制度却是形成于近代社会。18 世纪以来,由于资本主义商品经济的发展,工商业日益兴旺,保险制度也随之得到了发展和完善。进入 19 世纪以后,资本主义国家相继完成了工业革命,由此极大地促进了资本主义经济的发展,同时刺激了经营保险业的公司大量增加。在此期间,一方面,由于保险公司的滥设和竞争的加剧,导致大量公司破产,各国不得不纷纷采取措施,对保险业进行监管,从而使保险的经营日趋走向正轨;另一方面,科学技术的发展,也为保险范围的扩展创造了条件。保险虽然是对风险的承保,但它并不能对付所有的风险,而只能对付满足可保风险条件的风险。随着经济社会的发展,人们生活水平的提高,保险业也在不断地发展和完善。

一、保险的本质

保险是以契约形式确立双方经济关系,以缴纳保险费建立起来的保险基金,对保险合同规定范围内的灾害事故所造成的损失进行经济补偿或给付的一种经济形式。保险是最古老的风险管理方法之一。保险合约中,被保险人支付一个固定金额(保费)给保险人,前者获得保证:在指定时期内,后者对特定事件或事件组造成的任何损失给予一定补偿。保险属于经济范畴,它所揭示的是保险的属性,是保险的本质性的东西。

保险有广义和狭义之分，通常，我们所说的保险是狭义的保险，即商业保险。《中华人民共和国保险法》明确指出：本法所称保险，是指投保人根据合同约定，向保险人支付保险费，保险人对于合同约定的可能发生的事故因其发生所造成的财产损失承担赔偿保险金责任，或者当被保险人死亡、伤残、疾病或者达到合同约定的年龄、期限时承担给付保险金责任的商业保险行为。

二、保险的职能

保险具有经济补偿、资金融通和社会管理三大功能，这三大功能是一个有机联系的整体。经济补偿功能是基本的功能，也是保险区别于其他行业的最鲜明的特征；资金融通功能是在经济补偿功能的基础上发展起来的；社会管理功能是保险业发展到一定程度并深入到社会生活诸多层面之后产生的一项重要功能，它只有在经济补偿功能和资金融通功能实现以后才能发挥作用。

（一）经济补偿功能

经济补偿功能是保险的立业之基，最能体现保险业的特色和核心竞争力。具体体现为两个方面。

1. 财产保险的补偿　保险是在特定灾害事故发生时，在保险的有效期和保险合同约定的责任范围以及保险金额内，按其实际损失金额给予补偿。通过补偿使得已经存在的社会财富因灾害事故所致的实际损失在价值上得到补偿，在使用价值上得以恢复，从而使社会再生产过程得以连续进行。这种补偿既包括对被保险人因自然灾害或意外事故造成的经济损失的补偿，也包括对被保险人依法应对第三者承担的经济赔偿责任的经济补偿，还包括对商业信用中违约行为造成经济损失的补偿。

2. 人身保险的给付　人身保险的保险金额是由投保人根据被保险人对人身保险的需要程度和投保人的缴费能力，在法律允许的情况下，与保险人双方协商后确定的。在保险事故发生时保险双方当事人根据保险合同约定的保险金额进行给付。

(二)资金融通的功能

资金融通的功能是指将形成的保险资金中的闲置的部分重新投入到社会再生产过程中。保险人为了使保险经营稳定，必须保证保险资金的增值与保值，这就要求保险人对保险资金进行运用。保险资金的运用不仅有其必要性，而且也是可能的。一方面，由于保险保费收入与赔付支出之间存在时间差；另一方面，保险事故的发生不都是同时的，保险人收取的保险费不可能一次全部赔付出去，也就是保险人收取的保险费与赔付支出之间存在数量差。这些都为保险资金的融通提供了可能。

(三)社会管理的功能

社会管理是指对整个社会及其各个环节进行调节和控制的过程。目的在于正常发挥各系统、各部门、各环节的功能，从而实现社会关系和谐、整个社会良性运行和有效管理。保险作为社会保障体系的有效组成部分，在完善社会保障体系方面发挥着重要作用，一方面，保险通过为没有参与社会保险的人群提供保险保障，扩大社会保障的覆盖面；另一方面，保险通过灵活多样的产品，为社会提供多层次的保障服务。同时保险公司具有风险管理的专业知识、大量的风险损失资料，为社会风险管理提供了有力的数据支持。保险公司大力宣传培养投保人的风险防范意识；帮助投保人识别和控制风险，指导其加强风险管理；进行安全检查，督促投保人及时采取措施消除隐患；提取防灾资金，资助防灾设施的添置和灾害防治的研究。而且通过保险应对灾害损失，不仅可以根据保险合同约定对损失进行合理补充，而且还可以提高事故处理效率，减少当事人可能出现的事故纠纷。由于保险介入灾害处理的全过程，参与到社会关系的管理中，改变了社会主体的行为模式，为维护良好的社会关系创造了有利条件。

第三节　农村小额保险的经营风险

2008年，被称为“穷人的保险”的小额保险开始试点。目前，全国已有24个省份开展了小额保险试点，2009年小额保险保费收入达到2.3亿元，为871万人提供风险保障1 364亿元。小额保险既满足农民愿望、符合政府要求，也为商业保险机构开辟了新的业务。农村小额保险作为一项新型的保险业务，对扶助低收入等弱势群体，完善我国的农村社会保障体系及农村金融体系，以及开拓商业性保险公司的业务都具有重要意义。同时保险作为一个管理风险的行业，在发展农村小额保险的过程中也面临多种风险隐患，并且由于小额保险运行环境的复杂性、经营组织的分散性、我国农村低收入人群行为规范的差异性和抗风险能力低，小额保险市场的不成熟性等客观因素的存在，对小额保险的风险控制提出了更高的要求。

小额保险机制率先被印度、孟加拉国和菲律宾等发展中国家引入，这些国家以多种形式在农村地区推进小额保险业务，取得了较快发展，成为解决农村人口基本保障的有效手段。一些发达国家的大型保险公司也已经把触角伸到小额保险市场。农村小额保险在我国的开展时间短，各保险公司积累的数据不充分，因此在费率的厘定和保险产品的开发环节比较薄弱，在经营经验上也比较缺乏。农村小额保险的很多险种，受自然条件影响的程度较深，若发生自然灾害，保险公司将承担巨额的赔偿责任。在农村小额保险的经营过程中，道德风险和逆向选择问题同样十分突出。调查显示，主动而积极参加小额保险的人，往往是那些高风险者或年老体弱多病者；部分投保人或代理人恶意利用保险机制获得不当利益。在非统保的情况下，农民总是将风险最大的部分投保，这些给保险公司的经营造成了风险，提高了成本。另外，农村情况千差万别而保险公司由于考虑到成本，在农村设立的营业网点少，加上交通通信设施不发达，往往为了几十元的保费要驱车几十公里展业、承保、理赔，提高了农村小额保险的经营成本。所以，在发展业务的同时，更应该结合我国农村的特殊情况制定相应的风险管理措施，加强对小额保险的监管。

一、农村小额保险经营风险的种类

农村小额保险所面临的风险与传统保险相比较，存在许多相似之处，同时也存在巨大的差异性。农村小额人身保险经营者主要面临承保风险、理赔风险以及巨灾风险。

（一）承保风险

承保风险是指保险经营者在承保小额人身保险业务前后所面临的风险，具体又可细分为产品定价风险、客户逆向选择风险、保费收取风险、销售误导风险、保险脱落和过期风险等，以下挑选其中常见而且对小额保险经营有重大影响的风险做一简要分析。

1. 产品设计风险　产品设计是小额保险经营的核心技术之一，只有基于大量、准确的历史数据而厘定的小额保险价格，才有可能对未来索赔理赔做出相对精确的预测。然而由于我国农村人身保险市场因各种内外因素的掣肘长期处于空白状态，农村人身保险业务缺乏经验数据的历史积累，而且保险机构对农村低收入人群状况缺乏了解，极易造成小额保险产品设计过程中的巨大风险，影响小额保险的稳定开展与经营。

2. 客户逆向选择风险　逆向选择是指情况较差者购买保险，而情况良好者则不欲购买保险。保险人与被保险人对于危险选择标准不同，保险人选择品质优良或无显著危险的标的予以承保，而被保险人则选择对本身有利的进行投保，这就是所谓的逆向选择。与传统保险市场相类似，主动积极参加小额人身保险的客户，往往是那些高风险或年老体弱多病者，农民朋友多从事高风险、重体力劳动，工作环境较为恶劣，物质生活水平较低，使得他们成为意外事故的高发人群。而且由于小额保险的财务核保与医务核保等承保环节都比较简便，致使小额保险市场客户逆向选择和道德风险的发生也存在较大的可能，逆向选择更加严重。

3. 市场营销风险　主要体现在农民朋友收入水平较低，保险意识不强，业务拓展周期长、发展缓慢。同时农民意外险的单均保费水平较低，较难形成一定的业务规模，使项目无法顺利推进。这些问题将主要尝试与地方政府或其他相关机构合作加大保险知识宣传，并选择低成本高效率的销售渠道来解决。加大保险知识宣传会提高农民朋友对保险的接受程度，有利于保险产品的推广。选择基层行政组织、农网和劳务输出组织等作为销售渠道，利用他们接近农民的优势，既有利于农民保险产品的销售，又便于开展保险宣传工作。但是，在这个过程中，也难免会出现中介代理、代理人或小额保险的分销商，为了获得协议下的各种收益，从而误导消费者，误导其投保，也许代理人本意上可能没有误导的意图，但是由于知识缺乏，理解能力有限的原因，结果造成事实上的误导。

4. 保费收取风险　保费收取的风险因收费模式的不同而略有差异。对于小额保险来说，保费的收取主要是要注意收取的频率、时机和方式。保费收取频率的设计应与投保人的收入相一致，同时还要注意时间价值。但收取的频率不宜过高，一是增加管理成本；二是提高人们的退保率。保费收取的时机也很关键，因为低收入人群的收入一般呈现季节性和不稳定性，所以就需要对低收入人群的收入情况做一个实际的了解，尽可能地保证与大多数低收入人群的现金流相一致，也就是说要选择在现金流入较为丰富的时候收取保费。保费的收取有四种方式：一是可以通过贷款机构，也就是在人们归还贷款时缴纳保费；二是通过投保人的储蓄账户（定时的从储蓄账户中扣除、由储蓄账户的利息来支付）；三是可以由专门的人员上门收取；四是可以采用从收入的源头出发，这样可以及时的收到保费，并有效地降低管理成本。

目前从中国农村低收入群体的实际情况来看，与信贷机构挂钩的小额保险产品由信贷机构收取，其他的通过储蓄账户扣除或人工收取模式。但是，“保费和信贷相联系的模式”存在保费透明度不高的问题，容易引起投保人对公司及产品的猜疑，极端情况容易带来保险公司的品牌风险。“从储蓄账户扣除模式”如果先期工作处理不当，很容易引发公共危机，同样给保险公司带来名誉风险。“人工收取模式”则存在代理人欺诈风险，个人代理人可能通过不开收据或开假收据而私吞保费。根据法律规定，保费一旦由代理人收取，法律上即视同已由保险公司收取，即使代理人没有将保费交给保险公司，被保险人或受益人仍有权索赔。如果没有及早发现，这种情况会给保险公司造成重大损失，即使要追回保费，也相当困难，成本太高。

(二)理赔风险

理赔风险是指保险经营者在接受小额保险索赔并完成理赔期间所面临的风险，又可细分为索赔欺诈风险、理赔技术风险等。

1. 索赔欺诈风险　保险欺诈是保险索赔时利用虚假证据或者文件对保险人进行保险诈骗的行为。道德风险是指被保险人的行为由于受到保险保障而发生变化的倾向，即投保人因为购买保险后，会对保险人产生依赖心理，即使发生保险事故，保险人会赔偿其损失，从而降低了其风险防范意识。一般而言，保险经营者应按照合同规定，承担保险责任范围内的一切损失，这也为一些保户和代理人提供了可乘之机，一些保户和代理人利欲熏心不择手段地恶意利用保险机制获取不当利益。其他国家小额保险的经验显示，保险赔付中有5%～30%被欺诈者不法获得，而且小额健康险的索赔欺诈风险更大，保户利用伪造文件，包括死亡证明、医疗票据等方式诈骗保险机构，造成保险经营者的巨大损失。

2. 理赔技术风险　随着社会经济的发展，新的风险因素不断涌现，可保风险与不可保风险并存。可赔与不可赔之间的界限呈模糊化趋势，无形中增加了保险赔付的难度，产生各种理赔技术层面的风险。①

在当前财产保险公司理赔当中，由于工作开展得不够科学规范，往往会导致标的损失。例如，因为车辆的配件报价与配件供应链不够顺畅，造成对汽车修理配件的价格与修理费没有相应的控制手段。又如，在审查人身伤亡理赔的案件时，因为缺乏足够的专业知识与专业人士，没有前期介入与后期审核等环节，导致医疗费赔款可能也存在着一定的水分。如今，财产理赔队伍当中也缺少能开展全险种管理的骨干人员，而且一些险种的理赔处理与管理能力不够。这都极大地影响到保险企业理赔效能之发挥。同时，因为理赔部门未和承保部门进行充分沟通，难以在第一时间向承保部门阐述工作中的问题及其风险，因而在风险管理中存在着延迟效应。

（三）巨灾风险

由于低收入农民通常被排除在社会保障体系之外，其面临的各种风险无法得到有效分散，农村发展小额保险虽然可以部分解决农民风险集中的问题，但是，一旦由某种因素，如严重自然灾害、疫病、传染病等，导致大面积人群受灾形成大额赔付时，会造成小额保险经营者的资金短缺，严重时甚至会致使保险机构偿付能力严重不足，影响保险机构的正常运营。同时巨灾发生时，农民将直接暴露于疾病、死亡、财产损毁等多项风险之中。由于无法得到有效的保险保障，农民主要依靠储蓄、抵押贷款、紧急贷款、社会援助或亲属救济来恢复灾后生产与生活，一旦得不到相应的救助与支持，农民将不得不申请利率更高的商业贷款，加之灾后出现的地区性通货膨胀，农村人口将被迫陷入更深层的贫困循环。例如，20

---

① 梁涛．农村小额人身保险．北京：中国财政经济出版社，2008，2.

世纪 50 年代的单位成灾面积损失值为 2 190 元/公顷，60 年代为 3 255元/公顷，70 年代为 5 880 元/公顷，80 年代为 12 120 元/公顷，40 年翻了两番多。新中国成立 50 多年来，各种自然灾害导致粮食生产 10 次波动(其中有 6 次超常波动)。据 2005 年世界银行预测，禽流感给全球每年造成 8 000 亿美元的损失，占全球国内生产总值的 2%。我国 2008 年仅在西藏、贵州、广东发生的 6 起禽流感疫情，就有发病家禽 9 000 只，扑杀 59 万只。再如由于短信谣言而导致的 2007 年 5 月海南香蕉大量滞销价格暴跌事件，2008 年的湖北柑橘滞销事件；由于个别不法奶农向牛奶中添加三聚氰胺造成的轰动全国的“三鹿”事件，全国奶农几乎都受到了影响，倒奶杀牛损失巨大。

针对上述风险因素，借鉴各国小额保险风险控制的经验，提出以下几点措施。一是在产品设计时充分考虑各种风险因素。小额保险机构在小额人身险产品开发与设计过程中，结合数据的可得性与有效性，充分考虑可能会影响其正常运营的各种风险因素，科学合理设计保险产品。二是加强相关人员管理。首先是加强个人代理人管理，强化业务员对识别高危客户的培训，把好风险防范的第一道关；其次是加强理赔人员的管理，加大对理赔环节各项技术人员的内部培训，降低理赔程序环节可能出现的风险的控制。三是引入再保险机制，利用再保险机制分散转移可能的巨灾风险集聚，针对小额人身保险的特点，实务中可采取赔付率超赔再保险的办法，由小额保险机构事先确定一个维持业务正常运行所需的赔付率额度，对实际超过额度的赔付转嫁给再保险人，以化解小额保险经营中可能出现的巨灾风险。

二、构建农村小额保险风险管理体系

2005 年 10 月，党的十六届五中全会通过的《中共中央关于制定国民经济和社会发展第十一个五年规划的建议》中指出，“建设社会主义新农村是我国现代化进程中的重大历史任务”。要按照“生产发展、生活宽裕、乡风文明、村容整洁、管理民主”的要求，坚持从各地实际出发，尊重农民意愿，扎实稳步推进新农村建设。近年来，一些发展中国家以完善农村风险管理体系为核心发展农村金融，在促进增长、减轻贫困等方面取得了显著成效，其中小额保险发挥了巨大的作用。借鉴这些经验，构建以小额保险为核心的新农村风险管理体系，是促进农村经济发展和加快我国新农村建设的有效途径。

与城市相比，农村风险的多样性以及农村家庭面临风险时所表现出来的脆弱性，是制约农村经济发展的主要因素。其农村家庭面临的风险有3个显著特征。一是风险的普遍性。我国农村农民的现状普遍存在受教育水平低，收入少及收入不稳定，面对风险普遍采取自留方式，预防和转移能力较差的现象。风险事件发生后，农民会被迫降低生活标准或削减家庭成员的教育投资，造成贫困的恶性循环。二是风险的集中性。我国农村经济产业结构单一，农业收入依旧是我国农民的主要经济来源，而且受季节和气候条件的影响，产品价格波动性大，农民消费在很大程度上取决于农业收入，农村家庭无法充分实现收入多元化，面临的农业风险相对集中。三是风险的复杂性。我国幅员辽阔，将近8亿的农民分布相对分散，而且各个地区的风俗习惯，经济发展，医疗状况等各个方面表现出巨大的差距，面临的风险因素也不尽相同，而且随着社会的发展，不断涌现出新的风险。农村经济的这些特征，决定着农村家庭对风险管理有着非常迫切的需求。同时应该注意到，在实践中，发展农村小额保险市场也面临着诸多困难和矛盾。一是农民对保险依然不信任，对保险存在强烈的抵触情绪。虽然我国的保险业也发展多年，但发展中的不规范以及暴露出来的一些问题导致农民对保险缺乏信任，再加上本身农民的知识水平有限，对保险依旧缺乏足够的认识，往往直到发生了风险才能意识到保险的重要性,缺乏主动预防的意识。而且由于信息不对称,在农村保险交易中,农民的弱势相对于保险公司体现得更加明显,出险逆选择,欺诈骗保等风险的可能性较大。二是由于农民的收入有限以及收入的不稳定性。往往很难按期持续支付保费,导致保险合同半途终止。三是小额保险的供给主体——商业保险公司提供的产品种类较少,无法满足农民的需求。由于农村居民居住的分散性等多方面的原因,导致保险公司开展农村保险业务,需要投入更多的人力,为营销人员提供更好的激励,相对于城市地区,交易成本很难控制。同时对于商业保险公司来说,农村小额保险业务所占的份额较小,不重视对农村小额保险市场的调查,提供的产品无法满足农村大众的需求。

鉴于建设社会主义新农村是我国现代化进程中的重大历史任务,为促进农村小额保险有序健康的发展,构建适合我国新农村现实的风险管理体系无疑是一项重要的措施。为此,我们需要从以下几个方面构建以小额保险为核心的农村风险管理体系。一是借助当地政府支持,由基层政府、村民自治组织及其主要成员(村支书和村委会主任等)牵头,试点公司积极配合,向农民广泛深入的宣传和介绍产品;在此基础上加强营销队伍的建设,以及被保险人的教育,改变农民对保险的认识,提升对风险的主动防范意识。二是加强小额保险产品的开发,建立新的销售模式,同时对小额保险的发展提供技术以及财务上的支持,通过有效的监管体系和激励方案降低交易成本。销售模式的好坏,是决定农村小额保险能否顺利实施并影响实施效果的重要因素之一,因此,选择好销售模式对于该险种的推广与发展,具有十分重要的意义。例如,目前出现的中国人寿山西分公司首创的统保模式已在多省、市中复制。按照筹资方式的不同,在复制中有 3 种具体做法:①由村民承担全部保费;②由村委会通过村办企业、村企业家或村财政,为村民支付保费。据不完全统计,在山西省统保村中,有 15%是由成功人士个人出资投的保，有 35%是乡镇和村委会出资或补贴投的保，有 50%是在各级政府的支持下由业务员一家一户动员实现统保；③多方按比例分担保费。例如，山西晋中政企联合，20 元保费政府出 20%，保险公司让利 20%，农民负担 60%。统保模式不仅省时省力省成本，而且风险低，扩展面快，便于复制。同时还有与政府惠农政策相衔接的“联合互动模式”与农村金融机构相配套的“信贷保险1＋1模式”以及在条件不成熟乡村推行的“小型团单模式”等都取得了良好的效果。三是注重保险合同的标准化、简单化。注重赔付的时效性、合理性和透明度。四是加强国际合作，引入再保险机制，提供合理适度的保险和再保险监管框架，保证小额保险计划的实施符合农村具体条件。

我国农村小额保险还刚刚处于起步阶段，还有很多不够完善与成熟的地方，要将农村小额保险做强做大还有很长的路要走。总之，农村小额保险的发展，任重而道远。①

① 苑为，杨明亮．构建以小额保险为核心的新农村风险管理体系．经济管理，2009(05).

第二章　农村小额保险概述

【导　读】

小额保险或将惠及40亿人[1]

近期，瑞士再保险公司发布专门针对小额保险的研究报告，指出小额保险正日益成为最有效的扶贫工具之一，全球约40亿人可能因此获益。

一、小额保险潜力巨大

瑞士再保险公司的报告称，通过市场化的风险转移方案和公私合作，全球小额保险市场具有覆盖多达40亿客户的潜力，这相当于高达400亿美元的潜在保费收入。过去十年来，越来越多的机构参与小额保险，很多区域市场出现快速增长，其中关键的驱动因素是小额信贷深度的不断提高、市场参与者采取了针对性方式、政府积极介入以及产品创新。关注小额保险业务的保险公司不仅能迎合当前未被满足的风险保障需求，而且还能创建强大的品牌价值，建立巨大的客户群，支持新兴市场的经济和保险业发展。

瑞士再保险公司的研究表明，各个新兴区域，尤其是发展中的亚洲市场，具有前景良好的小额保险发展机会。亚太地区拥有全球约70%的低收入人口，是最大的小额保险市场。特别是在印度和孟加拉国，小额保险取得了快速增长，而在中国和菲律宾等其他关键市场也开始崭露头角。非洲是未被开发的广阔市场，具有巨

① 李雪艳．小额保险或将惠及40亿人．中国保险报，2011.

大的增长潜力。拉丁美洲也取得了强劲增长,尤其是在巴西、墨西哥、秘鲁和哥伦比亚。然而,中欧和东欧的发展却较为缓慢。

二、小额保险有效支持社会和经济发展

瑞士再保险公司注意到,政府和发展机构一直以来都积极参与发起和实施社会保障计划,以改善低收入人口的生计。然而,仍有很多低收入家庭并没有受益于这种计划,而且其提供的保障可能并不足够。同时,在利用常规保险来管理风险方面,虽然新兴市场已经得到了显著改善,但是在低收入家庭中仍然并不常见,因为这些家庭没有获得这些保险的渠道,或者没有能力购买。因此,小额保险成为低收入家庭管理风险的可行选择。根据报告,利用小额保险,能够通过支付较低保费,获得对健康、生命周期事件、自然灾害和财产损失相关风险的保障。

瑞士再保险公司认为,小额保险的一个关键目标是向低收入人口提供保险和风险管理产品。通过减少低收入家庭的脆弱性,小额保险支持了新兴市场的宏观经济发展,并限制了经济冲击的影响。它还有助于保护低收入家庭的收入流,从而降低其陷入极端贫困的可能性。这些家庭可以因此开始关注孩子的教育、健康、改善生活品质、提升技能并进行创业,从而促进农村地区的社会进步。

三、发展小额保险必须创新

报告称,提供小额保险的保险公司旨在为新兴市场的社会经济发展做出贡献,并进入新的业务领域。但是,如果机构过于注重短期利润,则可能无法达到主要目标——向低收入人口提供正规风险管理解决方案。另外,如果机构的运营利润率过薄,可持续性将成为一个严重的问题。

瑞士再保险公司认为,对于极端贫困群体,小额商业保险可能并不可行,而通过公私合作,政府可以提供全额保费或部分补贴,让

保险公司管理小额保险产品。这种机制十分重要，尤其是在社会保障计划不足的市场上。实际上，政府资助的小额保险计划可以是社会保障计划的一个有效替代。这种计划可以将社会保障措施范围扩大，还使得政府能够利用私营部门的参与，改善效率和效力。

此外，小额健康险和农业保险与低收入人口密切相关，然而这些保险产品在设计、定价和管理方面也更为复杂，因此，创新十分重要。瑞士再保险公司注意到，小额保险领域已经出现了一些创新产品，如针对传统农业生产的指数型气候风险保障产品。

第一节 小额保险的含义和特征

农村小额保险是近年来在发展中国家受到广泛重视的创新型保险业务，其主要面向农村低收入人群，采取低费率、广覆盖、灵活多样的组织和销售形式，旨在为低收入人群提供一定经济保障。作为一种政策性金融扶贫手段，农村小额保险是解决农村贫困人口基本保障问题的有效方式。2008 年 6 月 17 日，中国保监会出台了《农村小额人身保险试点方案》，标志着我国农村小额保险的正式启动。截至 2010 年年底，农村小额保险覆盖范围扩大到 24 个省(自治区、直辖市)，参保人数已超过 2 000 万人。可以说，农村小额保险是为农村低收入人群提供基本风险保障的重要手段。

一、小额保险的含义

对于什么是小额保险在保险界并没有统一的定义。有的认为小额保险是低收入家庭用来防范风险的一种措施，有的认为是保险金额较小的一种保险，有的认为是保费较低的一种保险，目前，关于小额保险的权威定义主要有两种。

第一种是根据国际贫困扶助协商组织(CGAP)的界定：小额保险主要是面向中低收入人群，依照风险事件的发生概率及其所涉及成本按比例定期收取一定的小额保费，旨在帮助中低收入人群规避某些风险的保险。

第二种是国际保险监督官协会(IAIS)关于小额保险的定义：小额保险是依据公认的保险惯例(包括保险核心原则)运营的，由多种不同实体为低收入人群提供的保险。这意味着小额保险单下的风险仍需依照保险原则进行管理，并由保费提供资金。

而在中国保监会公布的《农村小额人身保险试点方案》中，将农村小额人身保险定义为符合以下条件的普通型人身保险产品：一是保险金额在10 000～50 000元；二是价格低廉；三是保险期间在1～5年；四是条款简单明了，除外责任尽量少；五是核保理赔手续简便；六是主要针对低收入群体销售。

综上所述，可以把小额保险定义为：小额保险是一类面向低收入人群，为其提供具有保费低廉、保障适度、保单通俗、核保理赔简单等特点的保险产品的总称，是小额金融的重要组成部分，也是一种有效的金融扶贫手段。

本书对小额保险含义的界定是广义的，包括农村小额人身保险、财产保险和政策性农业保险。

二、小额保险的特点

小额保险作为保险的一个种类，由于其所针对人群的特殊性，与传统保险相比较，具有自身的一些特点。

(一)保费低、保额低

这是小额保险最突出的一个特点。小额保险服务低收入目标客户群的特点，决定了他们只能支付低水平的保费。也正是因为保额低、保费低的特征，小额保险才引起了那些原来认为只有"有钱人"才可以参与保险计划的低收入人群的注意。以小额保险非常发达且贫困人口占比非常大的印度为例，在该国近11亿人口中，只有不到10%的人享有某种形式的医疗保险。但自从小额保险出现后，近 1 000 万人参与其中，让他们也拥有了医疗保险。而他们每个人每年只需交 50 卢比(1 美元约合 44.7 卢比)的保费，这个数字约占每人平均收入的 1%。[①] 而我国目前开办的小额保险的保费为每年 50 元以下，保险金额为 1 万元左右，是名副其实的“穷人”也能买得起的保险。

(二)针对特定风险

与现有的一般商业保险相比，小额保险更专注于保障型业务，产品针对的是特定风险，如身故风险、疾病风险、意外伤害风险、自然灾害风险、贷款风险等。

相对于小额保险来说，传统保险的保险标的所涉及的范围比较广泛，但这也意味着其保费相应的提高。事实上，有些风险发生概率非常低，对低收入人群来说并不是优先关注的风险，如信用保险、保证保险等。但是，对于低收入群体而言发生概率较高的疾病、意外伤害风险，自然成为他们关注的对象。所以，小额保险所针对的只是低收入群体的特定风险。

(三)条款浅显易懂

传统保险的条款复杂且冗长，专业术语较多，即使是文化程度较高的人，也未必理解得很清楚。对农民而言，保险条款如同“天书”一样。所以保监会倡议使用通俗保险。在广大农村，农民的文化程度普遍偏低。这就要求小额保险的条款必须浅显易懂，否则会影响农民的购买热情。鉴于此，小额保险就是让消费者知道花多少钱，怎么样付钱，得到何种保障，就已经足够了。

(四)流程相对简单

流程简单是由小额保险客户群的特征决定的，相对于一般保险，其展业、承保、收费和理赔等都较为简单。

---

① 梁涛．农村小额人身保险．北京：中国财政经济出版社，2008，12.

(五)最大限度覆盖

小额保险作为日益受到重视的金融扶贫手段,目标就是要使低收入人群获得社会保护,使低收入人群摆脱因病致贫、因病返贫、因伤致贫的贫困陷阱。

(六)兼顾社会效益和经济效益

随着小额保险的发展,其作用、影响力和市场前景逐步被政府、低收入人群以及有眼光的保险公司所认识,于是有些政府将小额保险纳入社会保障体系,使更多的低收入人群参与到小额保险计划之中。

第二节 农村小额保险的功能

农村小额保险主要是为农村低收入者提供的一种简易保险,它既是一种扶贫手段,也是一种金融机制,目前被越来越多的发展中国家广泛采用。农村小额保险的功能表现在经济补偿、资金融通和社会管理 3 个方面。

一、经济补偿

(一)转移和分散风险

通过建立保险机制,将少数受害者的损失分摊到处于同样危险的多数人身上,这就是保险的风险分散功能,它体现了保险的互助性。

农村小额保险作为一种高度市场化的风险转移和应对机制,在分散自然灾害和意外事件给农民带来的损失方面发挥着独特的作用。

在农村小额保险活动中,从被保险人(农民)方面来看,是将自己生活或生产中所面临的无力承担的由自然灾害或意外事件带来的损失,通过保险将风险以较小的代价转移给保险人(保险公司)。

农村小额保险可以对农业生产和生活进行有效的风险管理和经济补偿，从而免除或减轻农民遭受风险损失的不确定性，以取得农业生产经营的顺利发展和农民生活上的安定。转移风险的过程也就是分散风险的过程，这种风险的分散可表现在空间上和时间上的分散，为农业生产和农民生活的保障创造更好的外界环境。农村小额保险本身并不能消除农业灾害和意外事故，但是可以对生产和生活实施合理有效的保护，减轻自然灾害和意外事故带来的不良影响。

（二）提供经济补偿

经济补偿是保险的几种功能之一，是指保险业在风险发生时进行经济补偿或给付，为社会经济发展提供必要的风险保障，从而保证社会再生产过程的各个环节的连续性和均衡性不会因遭遇各种灾害事故而被迫中断和失衡。保险的这种稳定器功能既是经济社会发展的客观需要，也是保险产生和发展的根本原因，更是保险活动的根本目的。在现代农业中，农村小额保险发挥如下的经济补偿功能。

一是有利于建立农村灾害保障体系，一旦发生大的灾害，参保农民可以得到保险赔偿，收回全部或大部分成本，恢复再生产能力，减少因灾致贫、返贫的风险，使农业生产在遭受自然灾害后迅速恢复再生产，以此保障农业的持续稳定增长。

二是通过小额保险的市场化运作，可以提高处置灾害或疫情的透明度，使真正需要救济的农民享受到农业补贴政策的优惠。

三是小额保险通过专业的防灾防损机制，发挥着风险管理的优势，为其他风险的可预测、可衡量、可管理提供经验、技术和人力上的支持。

目前世界上有 100 多个发展中国家在积极探索用小额保险为低收入人群提供保障服务。把它视为农村救济、农业贷款和农民福利等政策的一部分，以此稳定农业生产和增加农民收入。

二、资金融通

(一)保险是金融的重要组成部分

现代金融最基本的功能是对储蓄资源进行时间和空间的配置，实现储蓄向投资的转化。作为金融产业链中的重要一环，保险业通过收取保险费聚集了大量的保险基金，由于与赔款的支付距离一段时间，这样总有一部分资金处于闲置状态，保险资金的这种长期性和稳定性使其可以充分发挥其固有的管理社会的作用，为经济建设提供大量的资金来源，为促进资本市场的完善和发展提供必要的条件。

(二)"小额信贷＋小额保险"是资金融通的方式

目前在我国农村市场，小额信贷业务开展较为密集，相对比较成熟，但是小额保险起步较晚，在发展的过程中由保险公司单独推广，发展受到一定制约。根据 2010 年中央一号文件提高农村金融服务质量和水平的要求，建立"小额信贷＋小额保险"的双驱模式，能够使小额保险借助于小额信贷的发展实现标准化，小额信贷凭借小额保险的集合优势降低风险，使农民、金融机构和保险公司三方受益。

(三)有助于提高农业贷款人的预期收益和经营业绩

发展农村小额保险，有利于银行信贷收支平衡，增强农业发展后劲。在农村经济发展中，农业生产的流动资金和固定资金，有一部分是由农村金融机构提供的。在没有兴办农业保险的情况下，在生产经营的过程中，如果遇到自然灾害和意外伤害，农民遭受灾害的损失得不到补偿，不仅原贷款因财产受损无法偿还，而且还需增加新的投资恢复生产，这就会使贷款在短期内无法收回，这是金融机构不愿向农村贷款、资金从农村严重流出的重要原因之一。有了农业保险，农民遭受经济损失时，可以由保险公司提供补偿，使金融机构减少受灾后新增贷款的压力。同时，生产恢复后又可增强农村生产单位的还款能力,降低农业贷款人的风险,从而为整个农村金融的发展创造一个良好的外部环境。

保险公司在经营小额保险过程中筹集了有长期稳定来源的资金,这些资金可以随着保险资金运用渠道的扩大直接或间接投向农业生产和农村基础设施建设等项目。保险业和银行业进行深层次的合作,共同为农户和农企提供贷款及保险服务,解决资金短缺问题,也为防范金融风险多设了一道屏障,使保险起到了应有的作用。

三、社会管理

国际经验表明,保险作为一种市场化的风险转移机制和社会互助机制,是通过经济杠杆管理和化解社会矛盾的有效途径。政府通过发挥商业保险的作用,有利于降低社会管理成本,提高社会管理效率,促进社会稳定。

2006 年,国务院下发了《关于保险业改革发展的若干意见》(国发[2006]23 号)。文件指出,保险具有经济补偿、资金融通和社会风险管理功能,是市场经济条件下风险管理的基本手段,是金融体系和社会保障体系的重要组成部分,在社会主义和谐社会建设中具有重要作用。这不仅是对保险三大功能理论的肯定,更奠定了保险业发挥社会管理功能的政策基础。

2010 年 9 月,保监会在《保险业进一步参与加强社会建设创新社会管理的意见》中强调,全行业必须进一步充分认识加强社会建设、创新社会管理是维护社会和谐稳定的源头性、根本性、基础性工作。应当下更大的决心,采取更加有效的措施,在做好保险行业自身和谐稳定工作的同时,充分发挥保险业在加强社会建设、创新社会管理中的职能作用。

保险的社会管理职能表现在以下几方面:

(一)“预警机”功能[①]

保险企业借助气象、天文信息,在自然灾害发生前,与客户积极开展防灾防损工作,防患于未然,有效降低保险标的损失,发挥保险的“顶警机”功能。

我国是一个自然灾害较多的国家。近年来,雨雪、地震、台风、洪涝等灾害频发,对人民群众的生命、健康以及生产生活造成了严重损失和影响。面对严峻的形势,保险行业积极发挥职能作用,保险企业与广大客户紧密配合、积极应对,为全社会防灾减损做出了应有贡献。这是保险业辅助社会管理的重要体现,是保险业实现经济效益和社会效益并重的重要举措。

(二)“稳定器”功能

保险企业在国家法律和政策的支持下,通过推行农村小额保险,一旦发生意外事故或重大自然灾害,通过保险赔付机制向受害人做出赔偿,有效防范和化解社会矛盾,维护社会稳定,发挥保险的“稳定器”功能。

据有关资料统计,截止到2010年年末,我国农业保险覆盖的农户已达1.29亿户次,其中农村小额保险覆盖范围扩大到24个省(自治区、直辖市),参保人数已超过2 000万人。农业保险提供风险保障3 794.5亿元,2010年“三农”保险赔款达94.8亿元,共有约1 900万多户次的受灾农户得到保险赔偿。农险及涉农保险赔款已成为农民灾后恢复生产和重建家园的重要资金来源。[②]

(三)“安全网”功能

保险企业通过与医疗、养老等社会保障部门合作,补充当前社会保障水平的不足,满足不同保障需求和层次的需要,共同为实现人民群众“病有所医、老有所养”的目标,发挥保险的“安全网”功能。

---

① 赵克理:《保险的社会管理功能探析》,《中国保险》2010年第8期.

② 刘书勇.2010:“三农”保险谱新篇(上).中国保险报,2011.

近年来,随着我国经济实力的增强与和谐社会建设的推进,民生问题越来越受到党和政府的高度重视,公共资源配置逐步向医疗卫生和社会保障领域倾斜。但限于目前我国整体的经济实力,国家所能提供的基本社会保险水平还比较低,只能满足社会保障最基本需求。

这种实际情况,也就为农村小额保险的发展提供了难得机遇。商业保险机构可以在参与基本社会保障经办服务、投资管理养老医疗机构等方面发挥作用,满足社会多样化的社会保障需求,与基本的社会保险一起,共同建立起一个多层次的社会保障安全网。

第三节　中国小额保险发展现状

中国的小额保险早在 2005 年前后就已经出现,中国人寿与太平洋保险公司在国内首先开办了进城务工人员意外伤害险业务,平均费率约为 3%。在过去的几年时间中,我国的保险市场已经形成了小额寿险、小额意外保险、小额健康保险、小额农业和财产保险、小额信贷保险等几大系列。这些产品的主要特点是保障适度、保费低廉、条款简单,兼顾农村居民的承受能力、对保险产品的认知水平以及对风险保障的实际需求。

在农村小额人身保险方面,2007 年 4 月,中国保监会积极申请并加入国际 IAIS-CGAP 小额保险联合工作组,并着手推动国内农村小额人身保险发展。2008 年 6 月,保监会《农村小额人身保险试点方案》正式出台。中西部地区的 9 个省、自治区被列为试点省份,开展相关业务,市场上有超过 10 种产品供农民选择。2009 年,共有 19 个省、自治区(图 1)进入试点行列,试点公司从 4 家增加到 6 家(表 1),在产品方面增加了意外医疗方面的保障责任。截至 2009 年底,试点累计承保超过 1 110 万人次,保费收入 2.7 亿元,提供的保障金额近 1 700 亿元。简单赔付率大概在

35％～65％，公司的综合销售和服务费用35％左右，基本实现保本微利，具有商业意义上的可持续性。

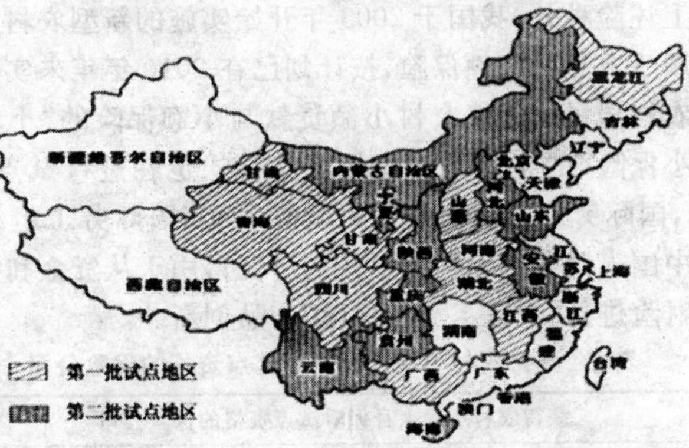

图1　小额保险第一批、第二批试点省份

中国在2007年启动了新一轮财政支持下的农业保险试点项目。这类产品由于其"广覆盖、低保险"的基本特点，属于非常典型的小额保险。该类产品以农作物的物化成本作为保险金额，通常以多种灾因触发的减产作为定损标准，费率为6％～8％不等。在有政府提供保费补贴的情况下，农民一般只需要缴纳每667米^2(亩)5元人民币，即可以得到200～300元不等的保险保障。截至2009年年底，农业保险签单保费133.79亿元，提供风险保障3 812.08亿元，参保农户1.33亿户次，分别比上年同期增加了21％、59％和48％。农业保险规模达到亚洲首位、全球第二位。

与农业保险快速发展相伴的是农村家庭财产保险，而其中较为典型的小额保险试点是在湖南、浙江等地于2008年率先开展的农房自然灾害保险。在浙江，全省被分为两个风险区，分别收取10元或15元的保费，而农民只需要相应负担3～5元即可投保。出险后，农民可最多获得3 600元/间或1.8万元/户的保险赔偿。2009年，中国人保财险在福建、浙江、广东、天津等省、市开展政策性农房保险和农村家财险试点，承保农户3 200多万户，承担风险责任3 300亿元。

除上述险种外，我国于2003年开始实施的新型农村合作医疗保险也属于典型的小额保险，按计划已在2010年年末实现基本覆盖全国农村居民。连接农村小额贷款与小额保险的“小农户＋小贷款＋小保险”的金融支农银保互动模式也在进行试点和推广。2009年，国际劳工组织与人保财险签署了《国际劳工组织与受资助机构中国人民财产保险公司资助协议》，用于从资金和技术上帮助人保财险进行“农民工小额保险”产品创新。①

表1　获得农村小额人身保险试点资格的保险公司

获得农村小额人身保险试点资格的保险公司			
公司名称	公司性质	试点获批时间	启动试点的时间
中国人寿	中资商业保险公司	2008年8月	2008年9月
太平洋人寿	中资商业保险公司	2008年9月	2008年9月
泰康人寿	中资商业保险公司	2008年9月	2008年9月
新华人寿	中资商业保险公司	2008年10月	2008年11月
平安养老	中资商业保险公司	2009年3月	2009年4月
中邮人寿	中资商业保险公司	2009年9月	2009年9月

2012年7月19日，中国保监会发布《全面推广小额人身保险方案的通知》(以下简称《通知》)，决定在全国推广小额人身保险服务。原《关于印发〈农村小额人身保险试点方案〉的通知》(保监发〔2008〕47号)，以及《关于进一步扩大农村小额人身保险试点的通知》(保监发〔2009〕59号)自即日起废止。

① 张权辉．我国农村小额保险发展现状及对策研究．经济纵横，2011(3)．

【案例一】

50元，给生命上"保险"——荆门"农村小额人身保险"的普惠之道[①]

在荆门这片1.24万千米^{2}的土地上，生活着188万农村居民。他们每年因溺水、车祸、触电、雷击、农药中毒、畜牧伤害、烧伤、烫伤、摔伤、蛇咬蜂蜇、农机"带病"作业以及从事危险工作缺少应有防护等引发的一些事故让人触目惊心。

在许多农村低收入家庭，维持家庭正常运转也许是人们生产、生活的重中之重，于是，对安全隐患的忽视，对安全问题的防范不及，就造成了无法挽回的后果。一桩桩血腥事件，一幕幕惨痛悲剧，一个个鲜活生命戛然而止，生命之花凋零了，家庭残缺了，留给亲人的是无尽的悲痛和哀思，留给社会的是深深的震撼和反省，以及人们深切的怜悯和沉重的叹息。

一、难道，非要用鲜血才能唤起人们对生命的敬畏吗？

中国人寿荆门分公司的一则数据显示，仅2010年，全市36万参加农村小额人身保险的农民中，意外死亡者多达248人，按保险年度计算，参保对象意外死亡率远远高出城市投保对象出险率，也超出了精算数据。所幸的是，这248人在生前购买了小额人身保险，人寿保险公司为遭遇不幸的家庭送去了爱心和温暖。

日前，记者乘车从荆门出发，经过三、四个小时的颠簸，来到京山县孙桥镇，年近花甲的村民刘某在自家小院中热情地接待了我们。他说，村里大多数村民都以种田为生，农闲时就骑摩托车外出

① 资料来源：《荆门日报》，日期：2011年3月2日，记者：李蕾蕾、方哲.

打工挣钱，这里山高坡陡，容易出事。现在，他们投保了中国人寿荆门分公司的农村小额人身保险，村民的生命和生活从此多了一份保障。

二、生命尊严岂容漠视？惨剧频发揪人心

人们常说，未来虽然不可预知，但审时度势，就可以把握未来。保险即是如此。

东宝区子陵镇村民蔡某家中上有两位老人，下有一个正在读书的孩子，自己和妻子以种田为生，承担着全家的经济和生活重担。日子虽过得清贫，但一家五口人其乐融融，在平淡中享受着属于自己的那份小小幸福。不幸的是，2009 年 9 月，蔡某在一次农耕过程中，因旋耕机翻车不幸身亡。由此而生的父母丧子、妻子丧夫、儿女丧父的痛苦，给这个原本快乐的家庭蒙上了一层阴影。"顶梁柱"倒下之后，一家人的生活也陷入困境。幸亏蔡某生前花 50 元买了一份"小额人身保险"，在他出事后第 5 天，中国人寿荆门分公司带着慰问来到了蔡某家中，将 3 万元农村小额人身保险赔款送到其家属手中。

翻阅中国人寿荆门分公司的农村小额保险理赔档案，在农村上演的一幕幕人间悲剧着实让人痛惜。

京山县新市镇李某夫妇，今年 1 月因自家存放的烟花爆炸，导致两人当场身亡。

沙洋县马良镇贺某，去年 10 月在堰塘洗菜时不慎溺水身亡。

钟祥市东桥镇陈某，2009 年 12 月 7 日早晨上山看庄稼时，碰到防野猪的电网，当场身亡。

沙洋县曾集镇魏某，2009 年 11 月牵牛出去放时，由于牛屋门槛较高，不小心被绊倒摔伤，经医院抢救无效身亡。

沙洋县五里镇刘某，2009 年 10 月驾驶摩托车载着妻子前往荆州，发生车祸，夫妻双双遇难。

钟祥市长滩镇黄某，2009 年 7 月用电捕鱼器捕鱼时不慎触电身亡。

……

虽然我们也说，生命是无价的，但意外发生时，这份小额人身保险也从一定程度上带给家人精神与物质上的安慰！

在京山县孙桥镇五泉庙村，记者见到农村团体小额保险单时发现，它与传统保单不一样，在投保人一栏中，全村投保的 500 多位村民的信息密密麻麻地排列在上面。

"这是为村统保特别设计的保单。不只是产品为低收入农民专门设计，条款也简单易懂。"中国人寿荆门分公司一位理赔业务负责人指着保单说，这里的村民大多以种地为生，农闲时出山打打零工挣钱。然而，就是这个山区偏远乡村，在中国人寿小额人身保险试点启动不到一个月，300 多户村民中就有 522 人投保，成为"家家有保障"的小额保险村。

"有些农民朋友用几包烟钱来形容这项保险的便宜。确实，相对于我市农民人均纯收入 6 550 元来讲，50 元是一个能够负担的数字。"中国人寿荆门分公司农村业务部经理周志成说，从 2008 年农村小额保险试点到 2009 年推广，再到 2010 年扩面工作来看，"愿意买"已不是一个难解决的问题，广大农民朋友包括低收入群体大多认识到意外风险的客观性，活生生的事例亦告诉大家，天灾人祸无法避免，如遇到此类事件的发生，几乎所有脱贫的努力都会付诸东流。如果有了农村小额人身保险，农民朋友们在遭受意外伤害时就可以获得补偿，不幸的家庭就多了一把抵御风险的"保护伞"。

三、意外保障岂能忽视？小额保险进农家

平时付出的几十元钱，关键时就变成了一个农村贫困家庭的活命钱。

中国保监会2008年6月发布了《农村小额人身保险试点方案》，首批选择湖北、山西等9省(自治区)的县以下地区开展试点。2008年9月24日，中国人寿湖北省分公司在荆门、荆州、宜昌、黄冈、随州等6个市、州16个县、市的90余个乡镇全面启动农村小额人身保险。

“该险种保费少、保额适中，是针对广大农民的意外伤害死亡等特定风险提供的保险服务。该保险比普通商业意外险的费率低50%以上，条款通俗易懂、简明扼要，既承担意外伤害身故、伤残保险责任，还承担意外伤害医疗责任。”该公司相关负责人介绍，农村小额人身保险是小额金融的重要组成部分，也是一种有效的金融扶贫手段。当前，农村金融仍然是我国金融体系中最薄弱的环节，而小额保险比起农村小额信贷推广难度大得多。

“小额信贷对农民来说是给钱，负担利息，农民能接受。而小额保险是收保费，向原本生活环境较差、收入较低的农民收钱，对寿险公司来说，承保风险较大，运营成本高，同时还要提供农民买得起的低价格，因此必须要改变过去城市里营销员一对一的营销方式，探索低成本运营。”这位负责人表示。

如何让低收入农民在短时间内了解、接受并真正受益于小额人身保险？中国人寿荆门分公司利用了他们以往拓展农村保险业务的经验。2008年10月，记者随中国人寿荆门分公司工作人员走访东宝区子陵镇，沙洋县五里铺严店村、曾集镇张池村等地时，首先映入眼帘的是写在村头墙体上的大标语：“中国人寿小额保险惠及千家万户”；在村里居委会的几块黑板上，也都有小额保险的知识、服务介绍；村里定期通过广播、发放传单的方式，宣传投保小额保险对农民的好处，村干部挨家挨户地上门讲解。

2009年6月初，中国人寿小额人身保险小分队进驻沙洋县曾集镇官集村，开展农村小额人身保险进村入户宣传承保工作。一位村民在了解了小额人身保险后，高兴地说，以前只听说买保险

“是有钱人的事”,但没有想到他们全家都能买得起保险。“50元也就是给自己买几包烟、给小孩子买几包糖的钱,参加保险可以解决大问题。”当天,他为全家4人全部投保,交保费200元,得到保障13.2万元。率先签下了第一份保单后,他笑着说:“我虽买了保险,但真的不希望赔付有一天会在我家里兑现!”在他的带动和影响下,该村适龄村民全部投保了小额人身保险。

2010年,中国人寿荆门分公司推行“一村一张保单”统保模式,并倡导每个家庭至少承保两个主要劳动力。同时,在全市各村设立“国寿监督服务站”,指定“国寿监督服务员”,切实保证每个愿意购买小额人身保险的农民方便快捷地购买保险和接受服务。

四、社会责任岂可轻视? 多方给力惠三农

我市是农业大市,农村人口占60%以上。为“三农”服务,是中国人寿始终秉承的使命。中国人寿荆门分公司积极响应中国保监会发展“三农”保险的号召,不断加大农村保险发展力度,采取一系列切实有效措施,有计划、有步骤、有重点地推进,形成了商业保险和政策保险两大模式,取得了初步成效。目前已经在农村覆盖了养老、医疗和意外伤害等多个风险领域。尤其是自2008年10月开展农村小额人身保险试点以来,更是受到了各级党委、政府的高度重视和农民朋友的普遍欢迎。

2009年2月19日和2010年3月22日,市委、市政府连续两年组织召开了全市农村小额人身保险工作座谈会,要求各地各部门把农村小额人身保险作为服务广大农民的有效金融工具,把这项关注民生、关心农民的“民心工程”做好,不断扩大承保面,为我市社会主义新农村建设做出积极贡献。

市委、市政府的有为而作,是想通过市场化的金融扶贫手段,惠泽广大农民,为农村贫困人口提供更为全面的基本保障。

从2008年的试点和2009年推广以及2010年扩面工作来看,

农村小额人身保险切实为农民特别是低收入者提供了可持续的风险保障。截至2011年2月，13 445人次2 254.6万元的小额人身保险赔付，特别是为意外伤害身故328人提供的现场赔付，让广大农民朋友感到购买小额人身保险物有所值，不少农民朋友们都说“买得值”。

保险，只有当你自己和身边的人发生了意外的时候，才会感到它的重要和必要。“过去总认为最需要拥有保险的是孩子，但是现在看来自己也需要。”一位村民在接受小额人身保险宣传后恍然大悟，对家庭来说，自己的收入是家庭经济的主要来源，一旦自己遭遇风险导致收入中断，没有了经济来源，小孩的保费将无从谈起。

可靠的保障，良好的服务，使农村小额人身保险得到村干部的认可。“只要50元，就能享受3.3万元的保障，这个数额看上去虽然有限，但对于本来收入就很低、安全意识淡薄以及安全隐患突出的农民来说，无疑是一根救命稻草。因为谁也不会料到，当有一天不幸降临，它能够在某种程度上使你和你的家人从经济窘境中解脱出来。”一位村干部表示。

“过去村里事无大小，村民都直接找村里，给工作开展带来一定难度。现在，农村小额人身保险普及后，给政府财力减轻了不少压力。”一位村干部信心十足地说：“小额人身保险适合咱农民的实际情况，让每一个农民都拥有一份保险保障，我看这一天不会太远。”

不仅如此，全市各县、市区还创新机制，多方面筹资购买农村小额人身保险，保障农民生活、生产安全。2009年，掇刀区房管局全额出资1.7万元，为掇刀凤凰村340名村民购买农村小额人身保险；掇刀石街道响岭村、双喜村全额出资为村民办理农村小额保险；交通村、双仙村、仙女村、掇刀渔场等村场，按照每人补贴20～30元的标准，为村民办理了农村小额人身保险。

中国人寿荆门分公司总经理李清华表示，有人可能会疑惑，在荆门这样一个农业大市，保险公司为了推广保费仅50元的小额人身保险而耗时耗力，甚至吃了亏并不讨好，这样值得吗？答案是肯定的。在咱们的农村还存在着不少低收入家庭，这些家庭就像一枚枚脆弱的蛋壳，不堪一击，已容不得任何意外的降临。小额保险则像汪洋中的一块浮木，成为低收入家庭防范风险的可行选择。试想，通过降低低收入家庭的脆弱性，从而降低其陷入极端贫困的可能性，这些家庭就可以因此更加关注孩子的教育、健康，改善生活品质，提升技能并创业，从而促进农村地区的社会进步。

尽一份社会责任，解决低收入家庭的后顾之忧，唤起全社会的保险意识，引起社会的广泛关注和参与，小额保险，利在千秋！如今，小额保险正日益成为最有效的扶贫工具之一，不仅能迎合当前未被满足的风险保障需求，而且还能创建强大的品牌价值，建立巨大的客户群，支持新兴市场经济和保险业发展。

对于极端贫困群体，能省则省是他们的生活法则，买保险可能是件奢侈的事儿。因此，小额保险通过公私合作，如政府提供全额保费或部分补贴，就能让小额保险进入千家万户，这种机制尤显重要，尤其是在社会保障并未完全普及的农村。

钱多未必平安，保险才是平安与坦然的忠实伴侣。未来，我市将有更多的农村居民受益于小额保险提供的越来越多样化的保险保障服务，真正实现和谐社会新景象。

【案例二】

江苏国寿：让农民在家门口享受保险服务[1]

今年70岁的顾学章是靖江新桥镇太东村一位村民。如今，他

① 刘元元，翟一文．江苏国寿：让农民在家门口享受保险服务．新华日报（南京），2010.

养成一个新习惯——有事没事就到村口的中国人寿保险驻村工作室转转。“去年8月我跌个跟头，把膝盖摔伤了。保险驻村代表把580元赔付金送到家，没让我跑一步路!”一家五口人买了五份保险的他说，“有了这家门口的保险，方便了我们农民，关键时候也帮了我们农民。”

农民在家门口就能买上保险，这在江苏的很多农村已成为现实。“加快农村服务延伸，积极参与社会主义新农村建设”，中国人寿保险股份有限公司江苏省分公司(下称江苏国寿)通过推进保险驻村工作室建设，把保险服务送到了农民家门口，满足了广大农民日益增长的保险保障需求。

中国人寿的LOGO寓意中国人寿细心呵护着客户，体现着“成己为人、成人达己”的文化理念。现在，江苏国寿活跃在农村的保险驻村代表们又为这一LOGO增添了新内涵:为农村残缺的圆补缺，补政策保险的缺，补城乡保险差距的缺。

一、让保险便农惠农助农

保险被称为经济的“助推器”和社会的“稳定器”，担负着“促进改革、保障经济、稳定社会、造福人民”的重要使命。“中国人寿作为国内规模最大、实力最强的专业寿险公司，更好地服务‘三农’，促进社会主义新农村建设，是其义不容辞的责任。”江苏国寿总经理刘安林说，“致力于打造‘最具价值、最具品质、最具魅力’的‘三最’标杆型省级分公司的江苏国寿，更要在便农助农惠农上走在最前面，积极推进保险进村。”

推进“保险进村”，是基于这样一个现实，当前农村保险市场密度和深度远低于城市，农村保险业发展落后，既满足不了广大农民的保险保障需求，也无法实现党和政府的殷切期望和新农村建设的发展目标。

江苏国寿邳州支公司总经理陈彤介绍，邳州全市人口172万人，是江苏省人口第二大的县级行政单位。全市80%以上人口分布在23个乡镇，地域广、人口分布较散，全市农民社会保险及商业保险参保率均低于全省平均水平。薄弱的保险保障基础使得一旦发生风险，大多数人都靠自身承担损失，承受不了就只能求亲戚找朋友。

江苏国寿靖江支公司一年的总保费已经超过5亿元，但该公司总经理周云飞认为，农村仍是保险的薄弱地，城乡间的不平衡在保险上体现得也同样明显。“全市有208个自然村，我们在农村有600多名业务员。但业务员分布不均衡，100个村相对比较密集，还有100个村非常薄弱，保险渗透率低的仅20%，高的也就40%。”周云飞说，“因此，无论是从承担社会责任，还是公司自身发展，保险进村都有重要意义。”

二、在扎根农村中拓展市场

靖江城南办事处中桥村的保险驻村工作室就建在村部。在这里的信息公开栏上，一则“好消息”非常醒目：晚上6点30分在村干部会议室召开惠民型养老险新品发布会，届时有中国人寿理财专家主讲，希望广大村民互相告知，莫失良机。

“这个保险工作室一屋多用，管计生的主任、民兵营长也在这里办公。”中桥村村支书侯建琨说，“农民生活水平提高了，对保险的需求快速增长。对我们来说，保险驻村无疑是多了一个为民服务的窗口。这样，保险服务就近在农民身边啦。”

“疾病、养老、意外保障，是当前农民的三大保险需求。而政策保险目前还只是‘低保’，广覆盖，但水平低，需要商业保险来补充。”中桥村保险驻村代表薛恒才说，“就像盖房子，政策保险是打基础，商业保险是添砖瓦。”

今年56岁的薛恒才在村里做了39年村干部，去年3月退居二线。“以前的保险业务员都是外地的，打一枪换个地方，村民对他们的信任度不高，虽然很多人有保险需求，但办保险的并不多。自从去年10月份我的工作室建成，全村521户，近400户买了保险（包括社会保险），保险入户率已经达到71%。”

周云飞介绍，去年起，靖江在全市招聘了105个保险驻村代表，分布在82个行政村。目前，像薛恒才这样建立工作室的已经有27个。工作室大多建在村部或村口显眼处，公司配备制作了统一的标志、办公桌、档案柜。驻村代表有的是退休村干部、返乡创业人员，人品好，口碑好，又具有一定专业素养。“这样农村保险就从流动销售变成驻点销售、从业务销售变成了服务销售。”周云飞说，“驻村代表扎根农村精耕细作，有助于我们农村市场的拓展。我们争取在3年内将工作室建到每一个行政村，做到‘村村都有国寿人，家家都有国寿单’。”

满足农民保险需求，拓展农村保险市场，邳州在全国较早地推进保险驻村，通过“一村一人，一村一点”的驻村代表模式，发展农村保险。陈彤介绍，邳州驻村代表工作网络已覆盖全市23个乡镇的256个村。随着工作深入开展，目前农村业务占公司业务总量比重已由原来的不到30%迅速提升到50%以上，农民参保率有大幅提高。

三、在服务农民中提升品牌

走进邳州铁富镇胡滩村的保险驻村工作室，大门口的“保险赔款公示栏”明明白白列出了从2009年12月到今年10月的十几笔保险赔付。

“当我把一笔笔赔款交到客户手里的时候，是我最高兴的时候。”胡滩村驻村代表胡立红说，“我希望能通过自己的努力，在村里树起中国人寿的招牌，赢得老百姓的口碑。”

胡立红所在的胡滩村地处苏鲁交界，是全国闻名的银杏苗木基地，全村登记人口3 300人，共计560余户。截至2010年6月，胡滩村全村参保人数达 2 900 余人，除去因年龄问题和身体问题不能参保的情况，基本做到人人参保。谈到成功的秘诀，胡立红喜欢引用女儿送的一句话："不服输是前进的车轮。"

始终坚信农村保险市场大有作为的胡立红，六年如一日，用一笔笔及时、救命的赔款诠释着保险对广大老百姓的重要性。有一次下大雪，胡立红接到客户出险的电话，她骑着车子去客户家办理理赔手续，由于路滑不慎摔进路边的沟里，身上及脸上多处擦伤。她丢弃了已经无法骑行的车子，一瘸一拐地向客户家赶去。当她最终浑身雪水，脸带血迹站在客户面前时，客户激动得说不出话来。

一个保险驻村代表就是一个驻村服务员，一个保险驻村工作室就是一个品牌展示窗口。大批保险驻村工作室的建立，将江苏国寿的保险服务快速向农村延伸。据了解，目前江苏国寿正在全省系统内开展"五有"保险示范村创建活动。目标是 2010 年，全省系统创建 15～20 个"五有"保险示范村。

江苏国寿县域保险部负责人介绍，"五有"保险示范村是指"村村有专管、组组有协管、户户有保单、人人有保障、发展有后劲"的一级保险先进村。具体的标准包括：驻村服务员 1 人(含)以上；该村驻村服务员具有理赔协理员资格；建立驻村工作室；该村全流程开展区域拓展运作……

保险示范村创建活动意义重大。首先，通过创建活动，可以有效推动驻村服务员队伍建设，夯实队伍基础。驻村服务员队伍是创建"五有"保险示范村的基础，能够切实解决现有队伍 3 个不足：一是变无序增员为有序增员；二是变流动销售为驻村销售；三是变业务销售为服务销售。在农村地区全面推进驻村服务员队伍建设，有效改变两乡传统销售队伍发展的无序性和不均衡性，从而实现农村队伍整体素质的提升，夯实队伍基础。

其次，通过创建活动，可以推广农村区域拓展模式，占领农村市场。实践证明，实施农村区域拓展，既可以提升业务员自我经营能力、有效强化两乡网点的基础管理，又能有力促进农村营销新人的育成留存，更能迅速扩大公司在农村市场的影响力，有效经营农村市场，从而全面占领农村市场。

第三，通过创建活动，可以加强社会合作，提升公司品牌。通过创建活动，充分借助地方政府对农村居民的影响力，持续不断地强化诚信服务宣传和教育，快速占领市场，构建农村市场竞争壁垒，提高公司在当地市场的知名度和品牌影响力。

第三章　农村小额保险发展的政策依据

第一节　农村小额人身保险发展方案

【案例导读】

小额保险覆盖全球近5亿低收入者[①]

国际劳工组织4月10日在瑞士日内瓦发布名为《保护最贫困者：小额保险指南》的报告指出，根据国际劳工组织和慕尼黑再保险基金会的最新调查，小额保险的覆盖面正以惊人的速度扩大，2007年全球拥有小额保险的低收入劳动者仅有7 800万人，到今年已达近5亿人，增长了将近6.5倍。

小额保险指为低收入劳动者提供意外事故、疾病、自然灾害和财产损失等保障。报告称，2007年，小额保险覆盖人群只有7 800万人，2009年升至1.35亿人，如今已经飙升至近5亿人。

“自2008年以来，小额保险领域涌现出很多创新，旨在为更多低收入人群提供可行的保险服务。”国际劳工组织小额保险基金负责人克莱格·丘吉尔说，“现在应该集中精力提高效能，使保险产品可以成功减少他们的脆弱性。”

调查结果表明，拥有印度和中国这两个小额保险巨头的亚洲共占据了大约80%的市场。据估计，世界上小额保险所涵盖的人口，有60%生活在印度。主要原因在于亚洲地区大而密集的人

---

① 2012年4月12日《中国保险报》

口，保险公司和分销渠道的参与以及政府的积极支持。此外，拉丁美洲占15%的市场，非洲占了5%。

慕尼黑再保险基金会副主席Dirk Reinhard表示，即使有新的技术和经验，发达国家花数百年完成的工作，发展中国家也不可能在10年内复制。有效地提供小额保险需要来自公共和私营部门的许多利益相关者共同努力，而现在的问题是主要的利益相关者要有效地协同工作。

根据报告，在过去的几年中小额保险领域有很多创新。例如，覆盖各种风险的新产品已经通过多样化渠道提供给贫困家庭，商业保险公司也已进入了低收入市场，如世界50大商业保险公司中至少有33家提供小额保险，而2005年只有7家。

据了解，目前，我国在小额农业和财产保险、小额寿险、小额意外保险、小额健康保险等方面都有了不同程度的发展。具有小额保险特征的"三农"保险业务已逐渐发展起来，涵盖了种植业、养殖业、农房等多个领域。意外险和健康险方面，新型农村合作医疗保险、外出务工农民小额保险以及农村计划生育保险业务都在快速推进。此外，一些公司"另辟蹊径"，与保险中介合作开发了一些适合农村经济发展的小额信贷担保保险、果树保险、小麦火灾保险、蔬菜大棚保险等，市场反应非常好。

国际劳工组织认为，小额保险虽无法帮助低收入劳动者彻底摆脱贫困，却能有效帮助这些劳动者化解生活风险。

专家指出，发展小额保险，对于扶助低收入和弱势群体，降低经济和社会发展与变革过程中的整体风险具有重要作用。中国保监会副主席陈文辉就曾表示，发展小额保险有利于完善农村金融和农村社会保障体系，是保险业统筹城乡发展、建设和谐社会的重要手段。

专家同时表示，我国小额保险在快速发展的同时，仍然面临着一些问题，如保险公司提供的产品与农民需求不相适应、保险服务跟不上、农村保险销售渠道不畅、小额保险的政策支持缺乏长效制度保证等，这些都是制约农村小额保险进一步发展的不利因素。面对这些困难，保险业必须紧密结合我国农村经济社会发展实际，积极开展各类小额保险试点工作，努力为小额保险发展营造良好环境，不断创新小额保险发展模式，提高小额保险的发展水平。

2012 年 7 月 19 日，中国保监会发布《全面推广小额人身保险方案》的通知【保监发〔2012〕53 号】（以下简称为《通知》），决定在全国推广小额人身保险服务。原《关于印发〈农村小额人身保险试点方案〉的通知》（保监发〔2008〕47 号），以及《关于进一步扩大农村小额人身保险试点的通知》（保监发〔2009〕59 号）自即日起废止。

一、全面推广小额人身保险的意义

为积极响应中央服务三农的号召，推进人身保险行业服务最广大人民群众的普惠性目标，2008 年保监会启动了农村小额人身保险试点工作。历经 4 年的探索，在保监局和参与试点的保险公司的共同努力下，在各级政府的大力支持下，农村小额人身保险通过创新产品和经营模式，不断提高农民保险意识，扩大人身保险覆盖面，使居住在偏远农村的近 2 400 万农民买得起、买得到保险，为缓解意外事故和疾病等风险对农村家庭的冲击、建设和谐社会做出了积极贡献，获得了社会各界的广泛关注和认可，实现了农民得实惠、政府得民心、公司得市场、行业得美誉的多赢局面。

为持续推进保险服务的普惠性目标，让更广大低收入群体能够享受到保险服务，增强风险抵御能力，保护辛勤奋斗的致富成果，履行人身保险行业的社会责任，我会在总结试点经验的基础上决定在全国推广小额人身保险服务。

二、小额人身保险推广的原则和服务对象

小额人身保险是一类面向低收入人群提供的人身保险产品的总称，具有保费低廉、保障适度、保单通俗、核保理赔简单等特点。小额人身保险推广过程中应坚持控制风险、鼓励创新、适度竞争、审慎监管、适当保护、持续发展、普惠服务的原则，使低收入群体买得起、买得到和愿意买小额人身保险，不断扩大保险覆盖面，让保险保障惠及最广大人民群众。

小额人身保险应服务于全国范围内的以下低收入群体：县以下乡（镇）和行政村的农村户籍居民；城镇享受最低生活保障的低收入群体、优抚对象，以及无城镇户籍的进城务工人员。

三、小额人身保险的产品要求

小额人身保险产品类型限于普通型定期寿险、意外伤害保险以及疾病保险和医疗保险。

小额人身保险产品的保险金额应不低于 10 000 元，不高于 100 000 元。其中，定期寿险以及除与新型农村合作医疗结合的补充医疗保险以外的健康保险的保险金额不得高于 50 000 元。小额人身保险产品的保险期间不得低于 1 年，不得高于 5 年。其中，团体保险的保险期间应为 1 年。

小额人身保险产品的设计应结合低收入群体的实际情况，确保价格低廉、条款简单明了，除外责任尽量少，核保理赔手续简便。

小额人身保险产品的所有相关单证和宣传资料中应突出显示“小额人身保险”或“小额”图（字）样。

四、小额人身保险的推广和服务

保险公司应高度重视小额人身保险产品和经营模式创新在实现小额人身保险服务低收入群体目标中的统一性，在推广小额人

身保险过程中应结合当地经济文化特点和民俗风情，积极探索创新销售和服务模式，使更多低收入群体买得起、买得到适合自身需求的保险保障。

保险公司应使用简单明了的语言，向小额人身保险个人投保人签发保单。保单应载明服务热线和保单签发人名称及地址。

对于居住地集中，或同属某个组织的客户，可采用团体保险方式承保，但保险公司应向每个被保险人签发团体保险的保险凭证。

团体保险的保险凭证上应包含投保人、被保险人、受益人、保险名称、保险金额、保险期间、保险责任及责任免除、承保人地址和客户服务热线等必要信息。

小额人身保险开办过程中不得强制或变相强制投保，协助办理小额人身保险的机构不得将投保小额人身保险作为客户获取本机构相关服务的前提条件。

保险公司应不断改进业务流程，在风险可控的前提下建立小额人身保险绿色理赔通道，简化索赔程序，提高赔付速度。

在有条件的地区，鼓励各种公益组织、个人，或者低收入群体所属团体机构，为低收入群体购买小额人身保险提供部分保费资助，调动低收入群体的投保积极性，让低收入群体通过实际的保险体验培育和增强保险意识，扩大小额人身保险覆盖面。

保险公司应高度重视宣传工作，充分利用电视、报刊、公司官网等宣传媒体，通过图文并茂、深入浅出的方式，宣传小额人身保险“互助共济、团结友爱”的精神，突出小额人身保险的风险保障功能。不得宣传产品的收益率，不得与银行、证券等金融产品比较收益。在推广过程中要及时发掘、总结和宣传推广过程中取得的成功经验，涌现的感人事迹、优秀集体和个人，促进经验交流，弘扬服务新农村建设的奉献精神和创新精神。

五、小额人身保险的支持政策

保险公司在开发小额人身保险产品时，可根据市场状况自行设定产品预定利率，但准备金评估利率不得高于3.5%。

对于符合小额人身保险产品设计要求并经审核备案的产品，在农村销售的免予征收监管费，在城镇销售的监管部门将协调免予征收监管费。

开展小额人身保险成绩突出的保险公司设立保险分支机构的申请优先审批。

开展小额人身保险成绩突出的保险公司在保监会开展的各类创新和试点中同等条件下优先给予支持。

支持保险公司与银行、电信运营商合作，借助银行自动柜员机和移动通讯设备，开展新型便捷的小额人身保险投保和保全服务；鼓励和支持保险公司借助移动终端开展小额人身保险销售，提供随时随地移动出单、打印交费凭证等服务，严格控制出单和收费过程中的道德风险。

六、小额人身保险的监管要求

申请开展小额人身保险的保险公司应具备下述条件：一是具有强烈的社会责任意识，公司总部对发展小额人身保险高度重视，并有明确的战略部署和组织财务保障；二是业务模式合理、服务能力充足、风险控制有效，能为低收入群体提供便捷的小额人身保险服务。

符合上述条件的保险公司，应事先向中国保监会提出开办小额人身保险的方案。方案内容主要包括：①公司推广小额人身保险的组织领导体系；②拟开展的区域；③拟推广的保险产品；④拟采取的业务模式，宣传、承保、客服和理赔服务举措，以及切实可行的风险控制措施等；⑤小额人身保险的3年业务发展规划。

保险公司在提交小额人身保险开办方案后自动取得小额人身保险开办资格，但保监会有权就开办方案要求保险公司进行解释和修改。

保险公司应就具体开办地区与当地保监局进行沟通，由各保监局根据辖区保险业发展和开办公司实际情况，与开办公司共同商定具体开办地点。

保险公司开发的小额人身保险应在获得保监会产品备案回执或者批复后方可销售。不符合小额人身保险产品设计要求，未经保监会备案或批复的其他保险产品均不得使用“小额人身保险”或“小额”图(字)样。

各保监局应加强小额人身保险推广工作的指导和监管。保险公司开办小额人身保险过程中损害消费者利益的，保监局应及时对相关机构负责人进行监管谈话，并责令改正。情节恶劣或拒不改正的，由监管机构依据《中华人民共和国保险法》第一百六十二条和第一百七十二条规定进行处罚。

经营小额人身保险的保险公司应在每个季度结束后 15 日内向保监会提交小额人身保险统计表；每年 3 月底前向保监会提交上年度小额人身保险发展报告，反映上年度小额人身保险发展情况，经营的特色，存在的问题及下年度业务发展规划等，发展报告应附精算师签字确认的小额人身保险经营情况表。

各保监局要及时主动向当地党委、政府汇报相关政策，协调财政、税务、工商等部门给予适当政策支持。协调开办县(市)、乡(镇)和行政村采取召开动员大会、编发简报或开辟专栏、制作黑板报等多种方式面向社会广泛宣传，形成有利于小额人身保险推广的舆论氛围。

第二节　农村小额保险与政策性农业保险的关系

一、政策性农业保险的含义

政策性农业保险，是一类由政策扶持的农业保险，是指国家对于那些关乎国计民生和国家粮食安全的农产品的农业保险给予一定的政策扶持和优惠，比如保费补贴。

二、政策性农业保险的基本原则和主要目标

基本原则是政府引导、市场运作、自主自愿、协同推进。主要目标是：建立健全政策性农业保险工作长效机制，提高农户投保率、政策到位率和理赔兑现率，实现“尽可能减轻农民保费负担”、“尽可能减少农民因灾损失”。

三、政策性农业保险的主要内容

(一)试点品种

品种有两类：一类是种植面广、风险很高的大宗农作物，例如玉米、棉花、水稻、大豆、小麦等作物；另一类是饲养量大、对保障人民生活和增加农民收入具有重要意义的养殖品种，如能繁母猪、奶牛等家畜家禽。

(二)保险责任

种植业保险责任为人力无法抗拒的自然灾害，对投保农作物造成的损失；养殖业保险责任为重大病害、自然灾害、意外事故以及强制捕杀所导致的投保个体直接死亡。

(三)保险费率

补贴险种按照“低保障、广覆盖”的原则确定保障水平。其中：种植业保险金额按保险标的生长期内所发生的种子、化肥、农药、

灌溉、机耕和地膜成本等直接物化成本确定；养殖业保险金额为投保个体的生理价值（包括购买成本和饲养成本）。

四、农村小额保险与政策性农业保险的联系和区别

两者都属于农业保险的范畴，都是为转移农业风险而设立的，都基于自愿原则购买，都赋予了国家支持的因素。两者的区别表现在以下几个方面。

（一）性质不同

政策性农业保险，顾名思义属于政策性保险，有国家财政强有力的支持，国家的补贴占较大比例，而且不以盈利为目的；而小额保险属于商业保险，没有国家财政补贴，主要靠保险公司的优惠政策开展的，农民要负担保费。

（二）内容不同

政策性农业保险的险种集中于种植业和养殖业；而小额保险集中于人身保险和部分财产保险。

（三）保险责任不同

政策性农业保险的承保风险是自然灾害；而小额保险的承保风险除了自然灾害外，还包括疾病、意外事故等。

（四）覆盖面不同

政策性农业保险由于试点较早，覆盖面和影响力远远超过农村小额保险。政策性农业保险的保险责任范围大，保险品种多。

（五）经营方式不同

政策性农业保险的经营方式在保险机构经营的过程中伴有政府的推动，社会效益优先，盈余滚存，以丰补歉；而农村小额保险完全由商业公司自主经营，公司效益为先，盈余作为公司利润。

第四章　农村小额人身保险

第一节　人寿保险

【案例导读】

成都坝坝宴厨师不幸身故 家属获得保险赔偿[①]

邓某是郫县团结镇白马村村民，职业厨师的他主厨着成都地方特色的坝坝宴。由于家庭经济状况较好，2007年经朋友介绍邓某在某人寿保险公司投保永利两全险，保额为15 000元。

2011年1月，邓某连续几日替邻居掌厨酒席。由于劳累过度，自觉头晕头痛的他1月30日起在家休息。谁知傍晚家人叫其吃晚饭时，发现邓某已经没有呼吸。

春节上班第一天，某人寿四川分公司接到邓某亲属报案。公司运营部经理莫继东立即责成调查主管带领调查人员前往客户家里慰问，并指导收集被保险人身故理赔的资料。

当公司一行人到达被保险人家中时，得知被保险人由于突然离世，家中多年的账务都不清楚。用邓某妻子的话来说就是家里的欠账会有人来要，但借出去的账就不清楚了。由某人寿四川分公司及时送来慰问和祝福，客户家属的感谢之情溢于言表。

① 李冬雷，李俊梅.《成都坝坝宴厨师不幸身故 家属获得保险赔偿》，2011年2月16日，来源：四川新闻网.

一、人寿保险的概念

人寿保险，是指投保人（您）和保险人（保险公司）约定，被保险人（您或您指定的人）在合同规定的年限内死亡，或者在合同规定的年限届至时仍然生存的，由保险人按照约定向被保险人或者受益人[①]给付保险金的险种。人寿保险合同的标的为被保险人的寿命，保险事故为被保险人的生存或者死亡，凡被保险人在合同约定的期间死亡或者被保险人生存到约定的时间，保险人承担依保险合同给付保险金的责任。

二、人寿保险的特征

（一）人寿保险的标的是人的寿命

人寿保险承保被保险人的死亡或者生存两种不同类型的风险，一般不问风险发生的原因。被保险人的寿命或体现为死亡，或体现为生存，保险人对之承担保险责任。

（二）人寿保险为定额保险

人寿保险的标的是人的寿命，人的寿命在观念上被认为高于一切财产价值。人寿保险合同均为定额保险合同，其保险金额是投保人和保险人约定的保险人承担责任的限额，不反映被保险人的寿命价值。因此，无论投保人投保何种类型的人寿保险、投保多少份人寿保险，也不论被保险人或受益人从每一人寿保险合同上可以获得多大数额的保险金，均不会发生超额保险的情况。

（三）人寿保险是长期性的保险

财产保险的保险期限一般都比较短，而人寿保险合同则为长期保险合同，保险期限少则几年，多则几十年，以至被保险人的一生。

---

① 受益人是指投保人或被保险人在合同中指定的、当被保险人身故，有权领取保险赔偿金的人。

(四)人寿保险具有较强的储蓄性

人寿保险多是长期保险合同,保险期限往往长达几十年甚至被保险人一生,而且很多长期寿险合同属于生死两全保险。生死两全保险以被保险人或生或死为保险事故,在保险期间内,保险事故一定会发生,保险人必定要承担给付保险金的责任。从另一个角度看,被保险人或受益人必定能够领取保险金。实际上,很多寿险合同的保险金可以看做是投保人缴纳的保险费在储蓄和其他因素共同作用下累积的结果。所以,较强的储蓄性是人寿保险合同的一个重要特点。

三、人寿保险的种类

以人寿保险承保的保险事故为标准,人寿保险可以分为死亡保险、生存保险和生死两全保险。

(一)死亡寿险

死亡寿险合同是指保险人与投保人约定,投保人向保险人交付保险费,保险人承诺在被保险人死亡时,给付一定保险金额的人寿保险。

根据保险期间的不同,死亡寿险可分为定期死亡寿险和终身死亡寿险。

1. 定期死亡寿险 这类寿险约定了一个确定的保险期间,如5年、10年等。在保险合同约定的期间内,如被保险人死亡,保险人依照保险合同的规定给付保险金;如果被保险人在保险期间届满时仍然生存,保险合同即终止,保险人不必给付保险金,也不必退还已交的保险费。

定期死亡寿险合同的保险期间可以为1年、5年、10年、15年、20年或30年。现行的许多定期死亡寿险合同规定被保险人在合同期满时不得超过65周岁。

2. 终身死亡寿险 终身死亡寿险是一种不定期的寿险,其保险期间自保险合同生效时起至被保险人死亡时止，保险人须对被保险人的终身负责，不论被保险人何时死亡，保险人均依照保险合同的规定给付死亡保险金。

终身寿险按照交费方式又可分为终身交费终身寿险、限期交费终身寿险和趸交终身寿险。终身交费终身寿险，该种寿险要求投保人按照合同规定定期交纳保险费，直至被保险人身故。限期交费终身寿险，它是指投保人按照保险合同约定的交费期间按期交纳保险费的一种终身寿险。一般有两种情形：一是交费期间约定为10年、15年或20年，由投保人自行选择；二是交纳期间限定为被保险人年满特定的年龄如60岁或65岁时止。趸交终身寿险，它是指投保人在投保时一次性交清全部保费的终身寿险。

(二)生存寿险

生存寿险是指保险人与投保人约定，投保人向保险人缴付保险费，保险人承诺当被保险人在保险期间内生存时，给付一定保险金额的人寿保险。

生存保险的受益人可以在约定的一定时期领取一笔保险金，以满足其生活等方面的需要。

(三)两全寿险

两全寿险是指被保险人在保险合同约定的期间内死亡，或在保险期间届满仍生存时，保险人按照保险合同均承担给付保险金责任的人寿保险合同。

【保险险种】

某某保险公司农村小额人身保险条款

1 总则

1.1 合同构成

本保险合同由保险条款、投保单、保险单或其他保险凭证、批单组成。凡涉及本保险合同的约定，均应采用书面形式。

1.2 被保险人

年龄在16～65周岁(释义见6.1)、身体健康、能正常工作或正常生活的自然人可作为被保险人。

1.3 投保人

具有完全民事行为能力的被保险人本人、对被保险人有保险利益的其他人可作为投保人。

1.4 受益人

订立本保险合同时，被保险人或投保人可指定一人或数人为身故保险金受益人。身故保险金受益人为数人时，应确定其受益顺序和受益份额；未确定受益份额的，各身故保险金受益人按照相等份额享有受益权。被保险人或投保人可以变更保险金受益人，但需书面通知保险人(释义见6.2)，由保险人在本保险合同上批注。对因保险金受益人变更发生的法律纠纷，保险人不承担任何责任。

投保人指定或变更保险金受益人的，应经被保险人书面同意。被保险人为无民事行为能力人或限制民事行为能力人的，应由其监护人指定或变更保险金受益人。

受益人故意造成被保险人身故的，或者故意杀害被保险人未遂的，该受益人丧失受益权。

2 保障内容

2.1 保险责任

在保险期间内，被保险人因疾病或意外伤害(释义见6.3)身故的，保险人依照下列约定给付保险金，且给付各项保险金之和不超过保险金额。

2.1.1 疾病身故保险责任

在保险期间内，被保险人自保险期间开始之日起90日后(续保者不受90日的限制)患上疾病并在保险期间内因该疾病身故的，保险人按保险金额给付身故保险金，对该被保险人的保险责任终止。

2.1.2　意外身故保险责任

在保险期间内被保险人遭受意外伤害，并自意外伤害发生之日起180日内因该意外伤害身故的，保险人按保险金额给付身故保险金，对该被保险人的保险责任终止。

被保险人因遭受意外伤害且自该意外伤害发生日起下落不明，后经人民法院宣告死亡的，保险人按保险金额给付身故保险金。但若被保险人被宣告死亡后生还的，保险金受领人应于知道或应当知道被保险人生还后30日内退还保险人给付的身故保险金。

2.2　责任免除

2.2.1　原因除外

被保险人因下列原因而导致身故的，保险人不承担给付保险金责任：

(1)投保人的故意行为；

(2)被保险人故意自伤或自杀，但被保险人自杀时为无民事行为能力人的除外；

(3)因被保险人挑衅或故意行为而导致的打斗、被袭击或被谋杀；

(4)被保险人受酒精、毒品、管制药物的影响；

(5)任何生物、化学、原子能武器，原子能或核能装置所造成的爆炸、灼伤、污染或辐射；

(6)既往病症(释义见6.4)及其并发症；

(7)先天性疾病和先天性畸形。

2.2.2　期间除外

被保险人在下列期间遭受意外伤害导致身故的，保险人不承担给付保险金责任：

(1)战争、军事行动、武装叛乱或暴乱期间；

(2)被保险人从事违法、犯罪活动期间或被依法拘留、服刑、在逃期间；

(3)被保险人存在精神和行为障碍(以世界卫生组织颁布的《疾病和有关健康问题的国际统计分类(ICD-10)》为准)期间；

(4)被保险人酒后驾车、无有效驾驶证(释义见6.5)驾驶或驾驶无有效行驶证的机动交通工具期间；

(5)被保险人患有艾滋病(AIDS)或感染艾滋病病毒(HIV)(释义见6.6)期间。

2.3　保险金额

保险金额是保险人承担给付保险金责任的最高限额。

保险金额由投保人、保险人双方约定，并在保险单中载明。

保险金额一经确定，在保险期间内不得变更。

2.4　保险期间

除另有约定外，保险期间为1年，以保险单载明的起讫时间为准。

3　投保人、被保险人义务

3.1　交费义务

投保人应当在保险合同成立时交清保险费。保险费交清前发生的保险事故，保险人不承担保险责任。

3.2　年龄申报义务

投保人申请投保时，应按被保险人的周岁年龄填写。

投保人申报的被保险人年龄不真实，并且其真实年龄不符合本保险合同约定的年龄限制的，保险人可以解除合同，并按照合同约定退还保险单的现金价值(释义见6.7)。

3.3　如实告知义务

投保人应如实填写投保单并回答保险人提出的询问，履行如实告知义务。

投保人故意或者因重大过失未履行前款规定的如实告知义务，足以影响保险人决定是否同意承保或者提高保险费率的，保险人有权解除合同。

投保人故意不履行如实告知义务的，保险人对于合同解除前发生的保险事故，不承担给付保险金的责任，并不退还保险费。

投保人因重大过失未履行如实告知义务，对保险事故的发生有严重影响的，保险人对于合同解除前发生的保险事故，不承担给付保险金的责任，但应当退还保险费。

3.4　住址或通讯地址变更通知义务

投保人住所或通讯地址变更时，应及时以书面形式通知保险人。投保人未通知的，保险人按本保险合同所载的最后住所或通讯地址发送的有关通知，均视为已送达投保人。

3.5　其他内容变更通知义务

在保险期间内，投保人需变更合同其他内容的，应以书面形式向保险人提出申请。保险人同意后出具批单，并在本保险合同中批注。

若被保险人已身故，则保险人不接受本保险合同中有关该被保险人的任何内容的变更申请。

3.6　保险事故通知义务

发生保险责任范围内的事故后，投保人、被保险人或受益人应及时通知保险人，并书面说明事故发生的原因、经过和损失情况；故意或者因重大过失未及时通知，致使保险事故的性质、原因、损失程度等难以确定的，保险人对无法确定的部分，不承担给付保险金的责任，但保险人通过其他途径已经及时知道或者应当及时知道保险事故发生的除外。

上述约定，不包括因不可抗力（释义见6.8）而导致的迟延。

4　保险金申请与给付

4.1　保险金申请

保险金申请人(释义见6.9)向保险人申请给付保险金时,应填写保险金给付申请书,并提交以下材料。保险金申请人因特殊原因不能提供以下材料的,应提供其他合法有效的材料。若保险金申请人委托他人申请的,还应提供授权委托书原件、委托人和受托人的身份证明等相关证明文件。保险人按照本保险合同的约定,认为有关的证明和资料不完整的,应当及时一次性通知保险金申请人补充提供。保险金申请人未能提供有关材料,导致保险人无法核实该申请的真实性的,保险人对无法核实部分不承担给付保险金的责任。

(1)保险金给付申请书;

(2)保险单原件;

(3)保险金申请人的身份证明;

(4)公安部门或司法部门、二级及二级以上医院或保险人认可的医疗机构出具的被保险人死亡证明或验尸报告。若被保险人为宣告死亡,保险金申请人应提供法院出具的宣告死亡证明文件;

(5)被保险人的户籍注销证明;

(6)保险金申请人所能提供的与确认保险事故的性质、原因、损失程度等有关的其他证明和资料。

4.2　诉讼时效期间

保险金申请人向保险人请求给付保险金的诉讼时效期间为2年,自其知道或者应当知道保险事故发生之日起计算。

4.3　保险金的给付

保险人在收到保险金申请人提交的本保险条款4.1所列的材料后,应及时就是否属于保险责任做出核定,情形复杂的,保险人在收到保险金申请人的上述请求后30日内未能核定保险责任的,保险人与保险金申请人根据实际情形商议合理期间,保险人在商定的期间内做出核定结果并通知保险金申请人。

保险人应当将核定结果通知被保险人或者受益人。对属于保险责任的，保险人应在与保险金申请人达成有关给付保险金数额的协议后10日内，履行给付保险金义务；对不属于保险责任的，应当自做出核定之日起3日内向保险金申请人发出拒绝给付保险金通知书，并说明理由。

保险人自收到给付保险金的请求和有关证明、资料之日起60日内，对其给付保险金的数额不能确定的，应当根据已有证明和资料可以确定的数额先予支付；保险人最终确定给付保险金的数额后，应当支付相应的差额。

5　合同的解除和争议处理

5.1　合同的解除

在本保险合同成立后，投保人可以书面形式通知保险人解除合同，但保险人已根据本保险合同约定给付保险金的除外。

投保人解除本保险合同时，应填写保险合同解除申请书并提供下列证明文件和资料：

(1)保险合同解除申请书；

(2)保险单原件；

(3)保险费交付凭证；

(4)投保人身份证明。

投保人要求解除本保险合同，自保险人接到保险合同解除申请书之时起，本保险合同的效力终止。保险人收到上述证明文件和资料之日起30日内退还保险单的现金价值。

保险人依据3.2和3.3所取得的保险合同解除权，自保险人知道有解除事由之日起超过30日不行使而消灭。

保险人在合同订立时已经知道投保人未如实告知的情况的，保险人不得解除合同；发生保险事故的，保险人应当承担赔偿或者给付保险金的责任。

5.2　合同的争议处理

因履行本保险合同发生的争议，由当事人协商解决。协商不成的，提交保险单载明的仲裁机构仲裁；保险单未载明仲裁机构且争议发生后未达成仲裁协议的，依法向人民法院起诉。

与本保险合同有关的以及履行本保险合同产生的一切争议处理适用中华人民共和国法律(不包括港澳台地区法律)。

6 释义

6.1 周岁：以法定身份证明文件中记载的出生日期为基础计算的实足年龄。

6.2 保险人：指与投保人签订本保险合同的某某财产保险股份有限公司各分支机构。

6.3 意外伤害指以外来的、突发的、非本意的、非疾病的客观事件为直接且单独的原因致使身体受到的伤害。

6.4 既往病症是指被保险人在投保前或等待期内已患有的疾病，或存在任何症状、体征而引致一正常而审慎的人寻求诊断、医疗护理或医药治疗，或曾经医生推荐接受医药治疗或医疗意见。

6.5 无有效驾驶证

被保险人存在下列情形之一者：

(1)无驾驶证或驾驶证有效期已届满；

(2)驾驶的机动车与驾驶证载明的准驾车型不符；

(3)实习期内驾驶公共汽车、营运客车或者载有爆炸物品、易燃易爆化学物品、剧毒或者放射性等危险物品的机动车，实习期内驾驶的机动车牵引挂车；

(4)持未按规定审验的驾驶证，以及在暂扣、扣留、吊销、注销驾驶证期间驾驶机动车；

(5)使用各种专用机械车、特种车的人员无国家有关部门核发的有效操作证，驾驶营业性客车的驾驶人无国家有关部门核发的有效资格证书；

(6)依照法律法规或公安机关交通管理部门有关规定不允许驾驶机动车的其他情况下驾车。

6.6　艾滋病(AIDS)或艾滋病病毒(HIV)

艾滋病病毒指人类免疫缺陷病毒，英文缩写为 HIV。艾滋病指人类免疫缺陷病毒引起的获得性免疫缺陷综合征，英文缩写为 AIDS。

在人体血液或其他样本中检测到艾滋病病毒或其抗体呈阳性，没有出现临床症状或体征的，为感染艾滋病病毒；如果同时出现了明显临床症状或体征的，为患艾滋病。

6.7　现金价值

除另有约定外，现金价值＝保险费×[1－(保险单已经过天数/保险期间天数)]×75%。经过天数不足一天的按一天计算。

6.8　不可抗力指不能预见、不能避免并不能克服的客观情况。

6.9　保险金申请人

身故保险金申请人是指受益人或被保险人的继承人或依法享有保险金请求权的其他自然人；残疾或烧伤保险金申请人是指被保险人本人。

第二节　意外伤害保险

【案例导读】

一张卡单保全家[1]

山东省烟台蓬莱康先生一家一直是某某保险的忠实客户。

早在 2009 年，康先生就为其家人购买了意外险。2009 年 8 月 28 日，被保险人邹先生(康先生的岳父)上山干活时摔伤，提交

① 张啸远，王华盛．一张卡单保全家，2011 年 10 月 20 日，中国保险报．

理赔材料后，烟台某某保险迅速理赔，3 日内便将 2 250 元理赔金划至邹先生的账户。这不仅增加了康先生一家人对某某保险公司的信任，同时，对某某保险产品有了更深的认可。

在为家人购买了多种保险后，2011 年 7 月 12 日，康先生又为其家人在某某保险增买了祥和家庭 B 款意外保险，保费合计 200 元，连带被保险人为其岳父邹先生、岳母宋女士及其妻子邹女士。

2011 年 7 月 16 日，康先生的妻子邹女士在自家果园打农药时，不慎农药中毒，在蓬莱市人民医院住院治疗。出院后，邹女士于 8 月 19 日到公司递交理赔资料，8 月 21 日便赔付完毕，其中卡单赔付 1 000 元，个险赔付 567.53 元，共计 1 567.53 元。本次住院费用烟台某某保险全部给予了理赔，客户没有花费一分钱。

2011 年 8 月 7 日，邹先生在上山干活时不慎被蜱虫咬伤，虽经医院极力抢救，却最终没有抵挡住病毒的折磨，8 月 9 日，邹先生去世。某某保险落实情况后，3 日内赔付 18 333.34 元。

邹先生住院期间，家人一直在医院照顾，康先生更是寸步不离，不幸被血液感染也住院治疗。在提交了理赔申请后，4 435.99 元理赔款也随后划入康先生的账户内。

一家多人受到蜱虫病毒感染，此情况受到烟台市防疫部门高度重视，烟台某某保险工作人员接到报案后也迅速开展理赔工作，以最快的速度理赔完毕。在理赔完毕后，烟台某某保险工作人员专程带着大米、面粉、花生油等生活用品去看望出险人的家属，送去了某某保险的爱心关怀。

一、意外伤害保险的概念

意外伤害保险是指被保险人在保险有效期内，因遭受意外伤害而导致死亡或残疾时，保险人按照合同给付保险金的保险。

二、意外伤害的构成要件

意外伤害是由意外和伤害两部分构成的，缺一不可，具体来说应具备以下几个要件。

（一）意外伤害必须是被保险人身体上的伤害

伤害，这里特指身体受到侵害造成损坏、创伤的客观事实，与精神上或心灵上的创伤没有关系。意外险的承保条件首先要求有身体伤害事实存在，而且这种伤害必须是发生在被保险人身上。被保险人是否受到伤害，可以通过指定医院的证明或是保险公司的工作人员的查验来确定。伤害一般由致害物、侵害对象、侵害事实三个要素构成。

1. 致害物　致害物是直接造成伤害的物体（物质），是导致伤害的物质基础，没有致害物存在，就不可能构成伤害。意外险，强调致害物是外来的，即在发生伤害以前存在于被保险人身体之外的物质，与在被保险人身体内部形成的内生疾病截然不同。

按照致害物的不同，可以将伤害划分为以下几种。

（1）器械伤害　指因使用机械设备、机动车辆、劳动工具、建筑材料、凶器等造成的被保险人身体损伤。

（2）自然伤害　指自然环境或自然灾害对人体的伤害，比如气温剧变、过低气压、强光暴晒、暴风雨、洪水、雷电等造成的伤害。

（3）化学伤害　指各种酸、碱、有毒气体、有毒液体等化工产品或化学药品、化学武器对人体体表、四肢、神经系统等的损坏。

（4）生物伤害　指由于野兽侵袭、花粉过敏等对人体造成的伤害，或是由其他生物，比如蚊虫、家畜等，引起的对人类的身体的侵害。

2. 侵害对象　侵害对象是致害物侵害的客体，意外险中当然是指被保险人的身体。

任何伤害都必然导致被保险人身体的一个或若干个具体部位

受到损伤，比如扭脚、闪腰、骨折等，否则就不构成伤害。如果不是被保险人受到伤害，而是被保险人作为加害者去促使第三人受到伤害，意外险保险人不因此对第三人负任何保险给付的责任，当然被保险人也无权领取保险金。

如果受伤害的不是被保险人的身体，而是姓名权、肖像权、名誉权、荣誉权、著作权等与人身相联系的权利，不认为构成保险意义上的伤害。意外险所承保的伤害必须是发生在被保险人生理上的、身体上的，而不是精神上的、权利上的侵害。

3. 侵害事实 侵害事实就是要求致害物以一定的方式破坏性地接触、作用于被保险人身体的客观事实。也就是要求必须存在致害物对侵害对象以一定方式侵害的客观过程，这个过程要求致害物通过侵害方式直接接触被保险人的身体，而且是具有破坏性及损伤结果的接触，任何主观臆想或推测都不能构成伤害。对于被保险人突然死亡、原因不明又未进行科学解剖等判定死因之前，都不能证实是意外伤害致死，因此也就不能纳入保险责任而履行死亡给付义务。

4. 侵害方式 意外伤害的侵害方式有：①碰撞（包括固定物体撞人、运动物体撞人、人与人之间互撞）；②撞击（包括落下物撞击、飞来物撞击）；③坠落（包括由高处坠落到地上，由平地坠落到井、坑洞里）；④跌倒；⑤坍塌；⑥淹溺；⑦灼烫；⑧火灾；⑨辐射；⑩爆炸；⑪中毒（包括吸入有毒气体、皮肤吸收有毒物质、有毒物质进入体内）；⑫触电；⑬接触（包括接触高低温环境、接触高低温物体）；⑭掩埋；⑮倾覆。

（二）意外伤害必须是由外界原因、意外事故所致的伤害

意外伤害必须是由外界原因和意外事故所致的伤害这两个条件构成，缺一不可。

1. 必须是由外界原因引起的伤害 外界原因引发伤害是相对于内部疾病而言的，意外险与健康险的主要区别也正在于此。

但是事实上，很多疾病先是由外界环境诱发的，像空气污染造成的呼吸道感染，居住环境缺碘而引发甲状腺肿大等。少数伤害也存在所谓的潜伏期，比如剧烈的碰撞使得内脏或头部受伤，当时没有任何过度不适的反应，但实质上已造成脑震荡或内脏位置偏离，在以后的某个时候脑震荡后遗症会突然发作或是由此引起内脏功能失调等，这些都使得外来伤害与内生疾病的界限趋于模糊。这就要求保险公司对特种伤害或是特殊疾病在保险单中都要单独列示，以便于赔付工作的顺利进行，从而避免争执的发生。

2. 必须是由意外事故引起的伤害 所谓“意外”，其实有两层含义。

第一，被保险人事先对伤害的发生没有预见到，因此也就无法躲避。

伤害的发生是被保险人事先不能预见或无法预见的，比如走在路上被身后突然奔来的惊马撞伤。被保险人事先不能预见到马路上会有惊马，也没有想到惊马会撞伤自己，他仅仅是按照日常的习惯走在路上却因突然发生的事件而造成人身伤害，这种情况理当称为意外。再如，一架正常航行的飞机因机械失灵坠毁发生空难，这种结果违背乘客乘坐飞机的主观愿望，也不是乘客在搭乘飞机时能够预见的，故属于意外事件。

伤害的发生是被保险人本可以预见的，但由于疏忽大意而没有预见到，比如在停电时未切断电源就开始动手修理线路。被保险人用电方面的知识足以使他预见到“一旦恢复供电，自己就有触电的危险”，但根据以往的经验认为需要较长时间才会恢复供电而未切断电源，结果突然恢复供电造成被保险人触电受伤甚至死亡。这种情况下被保险人所受伤害也被认为是意外伤害，属于意外险承保范围。

一般来说，这种被保险人事先没有预见的伤害应该是偶然性事件或是突发性事件。偶然性是相对于必然性而言的。在通常情况下不会发生的事件称为偶然性事件，正因为通常情况下不发生，所以才无法预见。必然性事件，被保险人就应该能够预见，而且可以防备，不属于意外事件。例如，被保险人在城市中被狂犬咬伤和被蚊虫叮咬就是两种不同性质的事件，在城市中被疯狗咬伤一般是少见的、偶然发生的事件，被保险人事先无法预见，属于意外伤害；而在一定地区、一定季节被蚊虫叮咬几乎是必然发生的事件，被保险人理应预见到，因而不属于意外事件。又如某地区夏季持续高温，中暑事件经常发生，那么就算不得什么意外；但如果某地区本来是避暑胜地，但这一年气温与历年同期气温相比有明显差异，过高的气温导致了被保险人中暑，因为第二种情况是被保险人根据一般常识无法预见的偶然事件，所以后者属于意外伤害。

突然性是相对于缓慢发生的事件而言的。伤害是在短时间里骤然发生的剧烈行为，使得被保险人来不及预见就已经遭受了伤害事实。例如爆炸、飞机失事、空中坠落物等引起的人身伤亡均属于意外。如果是在较长时间里缓慢发生，比如长期接触汞逐渐发生汞中毒，长期接触粉尘慢慢地发生尘肺，这些都是被保险人可以预见的，一般不认为属于意外伤害。

第二，被保险人虽然已经预见到伤害，但伤害仍然违背被保险人的主观意愿而最终发生。

被保险人预见到伤害即将发生时，在技术上已不能采取措施避免。例如，出海捕鱼的渔船，在海上突遇暴风雨袭击，船员虽然明知渔船无法抵御大的风雨，倾覆必然使自己遭受淹溺之苦，但在附近没有避风港、船上没有足够的救生设备，又无法通过无线电呼叫救援船只的情况下，没有办法采取有效措施避免使自己落入海中。这时预见到伤害的发生对于被保险人回避伤害没有任何裨益，当然也属于意外伤害保险承保范围。

第三，被保险人预见到伤害的发生，在技术上也可以采取措施避免，但限于法律上或职责上的要求不能躲避或是出于道德、公共利益的原因甘冒风险。例如,民警遇到歹徒持械抢劫,如果回避当然可以避免伤害,但是民警肩负同一切违法犯罪行为坚决作斗争的职责,需要挺身而出将歹徒依法逮捕。因此,民警与歹徒搏斗中所受伤害应属于意外伤害。又如路过起火的居民住宅,本来与自己毫无利害关系,又没有法律上的规定或职责上的要求,只要绕行就可以免遭伤害,但听到火中有婴儿啼哭,出于道义冲入火海,救出被困的大人、孩子,又协助灭火,自己却不幸被火烧伤。这种为集体利益、他人生命而甘冒风险遭受的伤害,视为意外伤害,纳入保险责任之中。

(三)意外伤害必须是死亡、残废或医疗费用支出的直接原因

意外伤害必须是死亡、残废或医疗费用支出的直接原因或近因,这也是构成意外险保险责任的一个必要条件。

意外伤害是直接原因,即意外伤害事故直接造成被保险人死亡、残废或就医治疗增加额外开支。比如雪天路滑,被保险人不小心摔倒导致骨折,不得不住院治疗增加了住院费、外科手术费等项支出;又如被保险人乘坐的飞机因天气骤变坠毁造成被保险人意外死亡等。当意外伤害直接导致死亡、残废、受伤治疗等结果时,保险人应依约定给付死亡保险金、残废保险金或医疗保险金。

意外伤害虽然不是导致死亡、残废、就医等的直接原因,却是引发这一结果的一连串相关事件的最初原因。比如被保险人被狂犬咬伤后患狂犬病死亡,这里狂犬咬伤是意外伤害,但并未直接导致被保险人死亡,被保险人死亡的直接原因是疾病(狂犬病属于疾病);由于被狂犬咬伤这一意外伤害是引起被保险人患狂犬病的最初原因,其间又无其他独立因素介入,因此意外伤害是被保险人死亡的近因,意外险保险人要承担死亡保险金给付义务。

意外伤害是诱因。意外伤害诱发被保险人原有的疾病发作、恶化,造成被保险人死亡、残废或就医治疗。比如被保险人原患血液病,受轻微外伤后血流不止致死。又如,某被保险人患冠心病,乘车中因颠簸诱发心肌梗塞而死亡。这里的外伤、颠簸都可以认为是意外伤害，但是这样的意外伤害对健康的人而言所能造成的侵害后果微乎其微，真正造成被保险人死亡的是原患疾病，意外伤害只是诱因。一般在这种情况下，意外险保险人不是按照保险金额和被保险人的最终后果给付保险金，而是比照身体健康者遭受此种意外伤害可能产生的后果进行给付。

(四)意外伤害必须是非故意诱发的伤害

故意伤害自己、有意诱发意外或是用保险有效期以外的意外伤害来欺骗保险人，这些行为显然都是有违“最大诚信原则”的，也不符合保险制度的一般规定。保险人一旦发现了事实真相，在证据充分的情况下，就有权单方面解除合同，也不必履行给付保险金的义务。

1. 故意自我伤害、故意诱发意外伤害不保 故意自我伤害是指被保险人故意使自己的身体遭受伤害，比如自残、自虐行为，这不符合意外伤害的定义，因此也不属于意外伤害的承保范围。故意诱发意外伤害是指伤害的最终发生是由于被保险人的主观意识、主动行为的诱发或推动，比如故意穿得很少在冬季进行户外活动引起冻伤。虽然表面上与意外伤害没有什么区别，但这种伤害与意外伤害中的“与被保险人主观意愿相违背”的规定不符，因此也不宜列入保险责任中，大多在除外责任列示。

故意分为积极故意和消极故意两种。积极故意指被保险人明知自己的行为会使自己的身体受到伤害，同时希望受到伤害，从而积极采取措施造成自我伤害。常见的有自杀、自伤身体等。消极故意是指被保险人已经预见到自己将会受到伤害，而且完全来得及采取措施避免，但由于其主观上希望自己遭受伤害而不采取措施避免，任其发生而终于导致伤害的发生，比如被保险人遇到汽车迎面驶来而不躲避。无论是积极故意还是消极故意，都是在被保险人神志清醒、有独立思考能力、有行为意识的情况下因主观上希望伤害发生而造成自我伤害或是故意诱发外来伤害的发生。

被保险人故意使自己受到伤害，与被保险人已经预见到伤害即将发生，但由于法律上的规定或职责上的要求不能躲避，或是为了抢救集体财产、他人生命而甘冒风险，性质上是完全不同的。前者，被保险人主观上希望伤害发生，即伤害的最终发生并不违背其主观意愿，所以不能视为意外伤害。后者，被保险人并不希望自己受到伤害，只是出于责任或出于道义而没有躲避伤害的发生，这已经违背了其主观意愿，属于意外，因此可以承保。

2. 保险期限内的非故意诱发的意外伤害都属于保险责任之内　保险期限是在保险合同中明确约定的保险效力起始、终止的日期。如果被保险人在保险期限开始以前曾遭受意外伤害或其他对身体健康的不利影响，却在保险期限以内死亡、残废或发生医疗费用支出的，不构成意外险保险人的保险责任。对于那些在保险期限内遭受伤害，却在保险期限之后死亡、残废或发生医疗费用支出的被保险人，保险公司的一般做法是在合同中规定一个责任期限，即从可保意外伤害发生之日开始的一段时间里（如 90 天、180 天、1 年等）如果发生了死亡、残废等保险事故的，意外险保险人仍然承担保险责任。

总之，意外伤害具有“外来性”、“突发性”、“非本意”和“非疾病”的特点。

【保险险种】

某某保险公司农村小额意外伤害保险条款

在本条款中，“您”指投保人，“我们”、“本公司”均指某某养老保险股份有限公司。

1　您与我们的合同

1.1　保险合同构成

本保险条款、保险单或其他保险凭证、投保单、与保险合同有关的投保文件、合法有效的声明、批注、批单、其他书面协议都是您与我们之间订立的保险合同的构成部分。

“某某农村小额意外伤害保险合同”以下简称为“本合同”。

1.2 保险合同成立与生效

您提出保险申请、我们同意承保,本合同成立。

本合同自我们同意承保、收取保险费并签发保险单开始生效,具体生效日以保险单所载的日期为准。

1.3 保险期间与续保

本合同的保险期间为1年。

本合同保险期间届满时您可向我们申请续保本保险。我们审核同意后为您办理续保手续,并按续保当时被保险人的风险性质重新厘定费率并收取保险费。

2 我们提供的保障

2.1 保险金额

本合同的各项保险金额由您和我们约定并于保险单中载明。

2.2 未成年人身故保险金限制

为未成年子女投保的人身保险,因被保险人身故给付的保险金总和不得超过国务院保险监督管理机构规定的限额,身故给付的保险金额总和约定也不得超过前述限额。

2.3 保险责任

在本合同有效期内,我们对被保险人在中国大陆和港澳台地区发生的意外事故(见7.1)承担如下保险责任。

2.3.1 等待期

您为被保险人首次投保本保险或非连续投保(见7.2)本保险时,自本合同生效日起7日为等待期;您为被保险人连续投保本保险的,本合同无等待期。

被保险人在等待期内发生意外事故,由此而导致的身故或残疾，我们不承担给付保险金的责任。

我们向您返还所交保险费，对被保险人保险责任终止。

在本合同有效期内，除等待期期间依前款约定外，我们承担下列保险责任：

2.3.2　意外身故保险金

被保险人因遭受意外事故，并自事故发生之日起180日内因该事故身故的，我们按其意外伤害保险金额给付意外身故保险金，对被保险人保险责任终止。

2.3.3　意外残疾保险金

被保险人因遭受意外事故，并自事故发生之日起180日内因该事故造成本合同所附“残疾程度与给付比例表”(见表1)所列残疾之一的，我们按该表所列比例乘以其意外伤害保险金额给付意外残疾保险金。如治疗仍未结束的，按事故发生之日起第180日的身体情况进行残疾鉴定，并据此给付意外残疾保险金。

被保险人因同一意外事故造成“残疾程度与给付比例表”所列残疾程度两项以上的，我们给付各对应项意外残疾保险金之和。但不同残疾项目属于同一上肢或同一下肢时，仅给付一项意外残疾保险金；若残疾项目所属残疾程度不同时，给付较严重程度的残疾项目的意外残疾保险金。

被保险人该次意外事故导致的残疾合并前次残疾可领较严重项目意外残疾保险金的，按较严重项目标准给付，但前次已给付的意外残疾保险金(投保前已有或因责任免除事项所致“残疾程度与给付比例表”所列残疾的，视为已给付意外残疾保险金)应予以扣除。

被保险人的意外身故保险金及意外残疾保险金的累计给付金额以被保险人的意外伤害保险金额为限，累计给付金额达到其意外伤害保险金额时，对被保险人保险责任终止。

2.4　责任免除

因下列情形之一导致被保险人身故、伤残的，我们不承担给付保险金的责任：

(1)投保人对被保险人的故意杀害、故意伤害；

(2)被保险人故意自伤、故意犯罪、抗拒依法采取的刑事强制措施或自杀,但被保险人自杀时为无民事行为能力人的除外；

(3)被保险人殴斗(见 7.3)、醉酒(见 7.4),主动吸食或注射毒品(见 7.5)；

(4)被保险人酒后驾驶(见 7.6)、无合法有效驾驶证驾驶(见 7.7),或驾驶无有效行驶证(见 7.8)的机动车(见 7.9)；

(5)战争、军事冲突、暴乱或武装叛乱；

(6)核爆炸、核辐射或核污染；

(7)被保险人因妊娠(含宫外孕)、流产、分娩(含剖宫产)导致的伤害；

(8)被保险人因医疗事故、药物过敏或精神和行为障碍(依照世界卫生组织《疾病和有关健康问题的国际统计分类(ICD—10)》确定)导致的伤害；

(9)被保险人未遵医嘱,私自使用药物,但按使用说明的规定使用非处方药不在此限；

(10)细菌或病毒感染(因意外伤害导致的伤口发生感染者除外)；

(11)被保险人从事潜水(见 7.10)、跳伞、攀岩(见 7.11)、蹦极、驾驶滑翔机或滑翔伞、探险(见 7.12)、摔跤、武术比赛(见 7.13)、特技表演(见 7.14)、赛马、赛车等高风险运动。

发生上述第一项情形导致被保险人身故的,我们对被保险人保险责任终止,并向受益人退还被保险人的未满期净保险费(见 7.15)。

发生上述其他情形导致被保险人身故的,我们对被保险人保险责任终止,并向您退还被保险人的未满期净保险费。

3　如何申请领取保险金

3.1　受益人

您或者被保险人可以指定一人或多人为保险金受益人。除另有约定外，意外残疾保险金受益人为被保险人本人。

受益人为多人时，可以确定受益顺序和受益份额；如果没有确定份额，各受益人按照相等份额享有受益权。

被保险人为无民事行为能力人或限制民事行为能力人的，可以由其监护人指定受益人。

您或者被保险人可以变更受益人并书面通知我们。我们收到变更受益人的书面通知后，在保险单或其他保险凭证上批注或附贴批单。

您在指定和变更受益人时，必须经过被保险人同意。

被保险人身故后，有下列情形之一的，保险金作为被保险人的遗产，由我们依照《中华人民共和国继承法》的规定履行给付保险金的义务：

(1)没有指定受益人，或者受益人指定不明无法确定的；

(2)受益人先于被保险人身故，没有其他受益人的；

(3)受益人依法丧失受益权或者放弃受益权，没有其他受益人的。

受益人与被保险人在同一事件中身故，且不能确定身故先后顺序的，推定受益人身故在先。

受益人故意造成被保险人身故、伤残、疾病的，或者故意杀害被保险人未遂的，该受益人丧失受益权。

3.2　保险事故通知

您或受益人应当在知道保险事故后10日内通知我们。

如果您或受益人故意或者因重大过失未及时通知，致使保险事故的性质、原因、损失程度等难以确定的，我们对无法确定的部分，不承担给付保险金的责任，但我们通过其他途径已经及时知道或者应当及时知道保险事故发生或者虽未及时通知但不影响我们确定保险事故的性质、原因、损失程度的除外。

3.3　保险金申请

在申请保险金时，请按照下列方式办理。

3.3.1　意外身故保险金申请

由意外身故保险金申请人填写意外身故保险金给付申请书，并提供下列证明和资料：

(1)保险合同；

(2)申请人的有效身份证件；

(3)国家卫生行政部门认定的医疗机构、公安部门或其他相关机构出具的被保险人的死亡证明；

(4)所能提供的与确认保险事故的性质、原因等有关的其他证明和资料。

3.3.2　意外残疾保险金申请

由意外残疾保险金申请人填写意外残疾保险金给付申请书，并提供下列证明和资料：

(1)保险合同；

(2)申请人的有效身份证件；

(3)由双方认可的医疗机构(或鉴定机构)根据本合同"残疾程度与给付比例表"出具的残疾程度鉴定书；

(4)所能提供的与确认保险事故的性质、原因、伤害程度等有关的其他证明和资料。

3.3.3　其他事项

保险金作为被保险人遗产时，必须提供可证明合法继承权的相关权利文件。

申请人申请保险金时，如提供的以上证明和资料不完整，本公司将及时一次性通知申请人补充提供有关证明和资料。

3.4　保险金的给付

我们在收到保险金给付申请书及上述有关证明和资料后，将在5日内做出核定;情形复杂的,在30日内做出核定。另有约定的按约定内容执行。

对属于保险责任的,我们在与受益人达成给付保险金的协议后10日内,履行给付保险金义务。

我们未及时履行前款规定义务的,除支付保险金外,会赔偿受益人因此受到的损失。

对不属于保险责任的,我们自做出核定之日起3日内向受益人发出拒绝给付保险金通知书并说明理由。

我们在收到保险金给付申请书及有关证明和资料之日起60日内,对给付保险金的数额不能确定的,根据已有证明和资料可以确定的数额先予支付;我们最终确定给付保险金的数额后,将支付相应的差额。

3.5　诉讼时效

受益人向我们请求给付保险金的诉讼时效期间为2年,自其知道或者应当知道保险事故发生之日起计算。

4　保险费的支付

本合同的保险费由您和我们约定并于保险单中载明。您须在投保时一次性交清保险费。

5　投保人解除合同的手续

如您申请解除本合同,须填写解除合同申请书并向我们提供下列资料:

(1)保险合同;

(2)您的有效身份证件。

自我们收到解除合同申请书时起,本合同终止。我们自收到解除合同申请书之日起30日内向您退还本合同的未满期净保险费。

6　其他需要关注的事项

6.1　明确说明与如实告知

订立本合同时，我们会向您说明本合同的内容。对本合同中免除我们责任的条款，我们在订立合同时会在投保单、保险单或者其他保险凭证上做出足以引起您注意的提示，并对该条款的内容以书面或者口头形式向您做出明确说明，未做提示或者明确说明的，该条款不产生效力。

我们就您和被保险人的有关情况提出询问，您应当如实告知。

如果您故意或者因重大过失未履行前款规定的如实告知义务，足以影响我们决定是否同意承保或者提高保险费率的，我们有权解除本合同。

如果您故意不履行如实告知义务，对于解除本合同前发生的保险事故，我们不承担给付保险金的责任，并不退还保险费。

如果您因重大过失未履行如实告知义务，对保险事故的发生有严重影响的，对于解除本合同前发生的保险事故，我们不承担给付保险金的责任，但应当退还保险费。

我们在合同订立时已经知道您未如实告知的情况的，我们不得解除本合同；发生保险事故的，我们承担给付保险金的责任。

6.2　本公司合同解除权的限制

前条规定的合同解除权，自我们知道有解除事由之日起，超过30日不行使而消灭。

6.3　地址变更

您的地址变更时，应及时以书面形式通知我们，若您未以书面形式通知的，我们将按本合同注明的最后地址发送有关通知。

6.4　合同内容变更

在本合同有效期内，经您和我们协商一致，可以变更本合同的有关内容。变更本合同的，应当由我们在原保险单或者其他保险凭证上批注或者附贴批单，或者由您和我们订立书面的变更协议。

6.5　争议处理

本合同履行过程中，双方发生争议不能协商解决的，可以达成仲裁协议通过仲裁解决，也可依法直接向法院提起诉讼。

7　释义

7.1　意外事故指外来的、突发的、非本意的、非疾病的使身体受到伤害的客观事件。

7.2　连续投保指投保人为被保险人续保同一险种，且续保保单的生效日为原保单到期日的次日。

7.3　殴斗指因被保险人挑衅或故意行为而导致的打斗。

7.4　醉酒指每百毫升血液的酒精含量大于或等于100毫克。

7.5　毒品指中华人民共和国刑法规定的鸦片、海洛因、甲基苯丙胺(冰毒)、吗啡、大麻、可卡因以及国家规定管制的其他能够使人形成瘾癖的麻醉药品和精神药品，但不包括由医生开具并遵医嘱使用的用于治疗疾病但含有毒品成分的处方药品。

7.6　酒后驾驶指经检测或鉴定，发生事故时车辆驾驶人员每百毫升血液中的酒精含量达到或超过一定的标准，被公安机关交通管理部门依法认定为饮酒后驾驶或醉酒后驾驶。

7.7　无合法有效驾驶证驾驶指下列情形之一：

(1)没有取得驾驶资格；

(2)驾驶与驾驶证准驾车型不相符合的车辆；

(3)持审验不合格的驾驶证驾驶；

(4)持学习驾驶证学习驾车时，无教练员随车指导，或不按指定时间、路线学习驾车。

7.8　无有效行驶证指下列情形之一：

(1)未取得行驶证；

(2)机动车被依法注销登记的；

(3)未依法按时进行或通过机动车安全技术检验。

7.9　机动车指以动力装置驱动或者牵引，上道路行驶的供人员乘用或者用于运送物品以及进行工程专项作业的轮式车辆。

7.10　潜水指使用辅助呼吸器材在江、河、湖、海、水库、运河等水域进行的水下运动。

7.11　攀岩指攀登悬崖、楼宇外墙、人造悬崖、冰崖、冰山等运动。

7.12　探险指明知在某种特定的自然条件下有失去生命或使身体受到伤害的危险，而故意使自己置身于其中的行为，如：江河漂流、登山、徒步穿越沙漠或人迹罕至的原始森林等活动。

7.13　武术比赛指两人或两人以上对抗性柔道、空手道、跆拳道、散打、拳击等各种拳术及使用器械的对抗性比赛。

7.14　特技表演指进行马术、杂技、驯兽等表演。

7.15　未满期净保险费

未满期净保险费＝净保险费×(1－保险经过日数/保险期间的日数)×75%，经过日数不足1日的按1日计算。

净保险费指您所支付的保险费扣除每张保险单平均承担的本公司各项费用(含营业费用、代理费、各项税金、保险保障基金等)后的余额，扣除部分占所交保险费的25%。

【案　例】

论意外伤害保险中“意外”的界定[①]

《现代汉语词典》给“意外”下的定义是意料之外、意料之外的不幸事件。在意外伤害保险中的定义是指受外来的、突发的、非本意的、非疾病的使身体受到伤害的客观事件。从表面看，“意外”的含义已经非常明确了，但是，无论从学理上还是实务中，对“意外”的认定都存在较大争议。近年来，随着意外伤害保险的发展，理赔中的种种纠纷也日益突出，这些纠纷影响着保险公司甚至整个保

① 王卫国、凌湄：《论意外伤害保险中“意外”的界定》，《中国保险》2011年第4期

险行业在公众心目中的形象。如何准确界定意外伤害，特别是如何界定“意外”，成为理论界和实务界无法回避的重大问题。

一、“意外”的构成要素

意外伤害由意外和伤害构成，无论学术界还是实务界，对伤害的认定争议较小，但对意外的界定争议很大。“意外”是指就被保险人的主观状态而言，侵害的发生是被保险人事先没有预见到的，或违背被保险人主观意愿的。无法预见是公认的特征，在这一点上不存在争议。国内保险公司在保单中将“意外伤害”定义为“外来的、突发的、非本意的、非疾病的使被保险人的身体遭受伤害的客观事实。”但这种界定是否科学值得探讨。

1.“外来性”与“非疾病”是否重复

外来性强调某种危险或事故来源于人体外部，用以区别以内生疾病为保险对象的健康保险。实际上，选择了“外来性”就排除了“非疾病”，两者属于非此即彼的关系。没有必要把它们并列开来。实际上犯了语义重复的毛病。

在日本，伤害保险事故的三要件分别是：偶然性、外来性、急剧性。三个要件是一个整体，具有不可分性，缺一不可。[①] 上述规定具有合理性，避免了用词的重复。

2.“突发性”可否代替“偶然性”

偶然性相对于必然性而言的，在通常情况下不会发生的事件称为偶然性事件。它强调伤害的发生是被保险人事先不能预见或无法预见的，比如，飞机因机械失灵坠毁发生空难，这种结果违背乘客乘坐飞机的主观愿望，也不是乘客在搭乘飞机时能够预见的，故属于意外事件。

---

① 沙银华：《日本经典保险判例评释》，法律出版社，2002 年 10 月第 1 版，第 167 页.

突发性是相对于缓慢发生的事件而言的。伤害是在短时间里骤然发生的剧烈行为，使得被保险人来不及预见就已经遭受了伤害事实。例如爆炸、飞机失事、空中坠落物等引起的人身伤亡均属于意外。如果是在较长时间里缓慢发生，比如长期接触汞逐渐发生汞中毒，长期接触粉尘慢慢地发生尘肺，这些都是被保险人可以预见的，一般不认为属于意外伤害。

通过比较，可以看出两者的核心都是强调不可预见性。所以，可以相互替代，没有必要独立出来，选取其一即可。在韩国商法典中，是这样来界定意外伤害的："伤害保险人以被保险人因激烈的外部偶然原因而致身体受伤为保险事故。"①可见，此处使用了偶然性这个特征，与日本的立法是相同的。由于国内保险公司都习惯上使用"突发性"一词，所以，用"突发性"代替"偶然性"是可行的。

3."剧烈性"要不要独立

在日本、韩国的保险立法中，都强调"急剧性"是意外事故的构成要件之一。急剧性是指人体受到猛烈而突然的侵袭造成的伤害，是相对于缓慢发生的事故而言的。"事故是突然发生的，且在瞬间完成，来不及预防，表现为伤害原因与结果之间具有直接瞬间关系，而非长期积累形成的结果。"②但在实践中，有些伤害存在所谓的潜伏期，比如剧烈的碰撞使得内脏或头部受伤，当时没有任何过度不适的反应，但实质上已造成脑震荡或内脏位置偏离。在以后的某个时候会突然发作。这种现象也应该作为意外伤害事故处理。在多数情况下，"剧烈性"包含在"突发性"中，因此笔者认为没有必要让"剧烈性"独立出来成为构成要件之一。

4. 意外的特殊形式——故意

因为按照常理，故意造成保险事故，保险公司是拒绝赔付的。

① 韩国商法典第737条.

② 孙积禄：保险法，高等教育出版社，2008年4月第1版，第184页.

这是常识性的东西，无须赘述。但是，在意外伤害保险中，故意造成保险事故的，有可能得到保险公司的赔付。当被保险人已经预见到伤害的发生，在技术上也可以采取措施避免，但限于法律或职责上的规定不能躲避或是出于道德、公共利益的原因甘冒风险时，比如民警遇到歹徒持械抢劫，如果回避当然可以避免伤害，但是民警肩负同一切违法犯罪行为作坚决斗争的职责，要挺身而出将歹徒依法逮捕，所以民警与歹徒搏斗中所受伤害应属于意外伤害。又如路过某居民住宅起火，与自己毫无任何利害关系可言，没有法律或职责上的规定，只要绕行就可以免遭伤害，但听到火中有婴儿啼哭，出于道义上的高尚动机冲入火海，救出被困的大人、孩子，又协助灭火，自己却不幸被火烧伤。这种为集体利益、他人生命而甘冒风险遭受的伤害，视为意外伤害，纳入保险责任之中。当然，在绝大多数情况下，“故意”列入保险合同的免责条款中。

5. 小结　综上所述，笔者认为，“意外”应由外来性、突发性、非本意三个要素构成。

二、对“非本意”的争议

1. 非本意的含义

“非本意”一词是相对于被保险人的主观状态而言的，所以判定“意外”的标准不是被保险人以外的人，也不是一般善良人的标准，而是被保险人本人，即该事故的发生是否出自或含有被保险人的本意。由于人的内心世界微妙复杂、瞬息万变，导致对是不是本意的判断争议颇大。所谓本意，应理解为两个方面：一方面是当事人希望某一事件的发生，或说追求某一目的的实现；另一方面，当事人预见到了或应当预见到了某一结果的发生，仍然放任、不去阻止此种结果的发生。前一方面可视为当事人对损失结果的主动行为而少有争议，对后一方面的确定标准则多有口角。有专家认为，当事人应当预见损失后果而其因疏忽大意、过于轻信而未能预见的，仍应排除在意外事故范围之外。下面通过一个案例探讨对“非本意”的理解。

2. 意外之争

某日，甲趁乙（甲的情人）的丈夫外出工作不在家之机，来到乙家与其约会，没想到乙的丈夫在这时却回家来了，甲为了不让乙的丈夫发现，当即选择从三楼窗口跳下离开。结果被摔死。经查，甲的单位曾为职工统一购买了人身意外伤害保险，保险金额为 5 万元人民币。甲妻于是以受益人的身份，向保险公司提出索赔，但遭到保险公司的拒绝。甲妻向法院提起诉讼，请求法院判决保险公司给付保险金 5 万元。[①]

对本案存在两种意见：甲妻认为，根据现场勘察可以看出，其丈夫的本意是想从三楼跳到二楼平台，然后再由二楼平台跳到地面，但是当甲跳到二楼平台时，由于没有站稳，摔到地上，头先着地而死，应属意外，属于保险公司的承保范围，应该赔偿。而保险公司认为，在保险合同中对意外有一个很明确的解释，意外事故是指突然的、外来的、非本意的、非疾病的伤害事故。这 4 点必须同时具备才能符合意外伤害的赔付条件。甲是从三楼的窗口往下跳致死，主观上是故意的，即甲应该预见到从三楼摔下非死即伤的结果。这是一种故意行为，不是意外。另外，保险公司坚称，有可能甲是想从三层的窗户跳到那个平台，但是不管怎么说，但是那个平台实在是太窄了，而且很单薄，从那么高的地方跳到那个平台的话，他那个惯性绝对是站不住的。何况他可以有其他走的方式，他不一定就要选择跳楼这种方式。

一审法院认为：原告的丈夫甲与保险公司签订的是人身意外伤害保险合同。根据双方签订的保险条款，对意外伤害的定义是指遭受外来的、突发的、非本意的、非疾病的使身体受到伤害的客

① 王卫国、凌湄：《正确理解意外伤害的含义》，载于《保险研究》2005 年第 2 期.

观事件。甲是成年人，具完全民事行为能力，从三楼窗户跳离是其主观行为，应该预见可能造成伤害，故该伤害不是外来和突发的客观事件，不在意外伤害的范围，不属保险事故。

由于本案二审是调解结案的，保险公司同意支付给原告补偿金8 000元。对这个案子的争论一直没有停止。

就本案而言，甲妻对“非本意”的理解是，甲的死亡结果不是甲追求的结果，是无法预见的。当然属于“意外”。

从表面看，甲的死亡的确是“意外”。但是，如果细细推敲，不难发现。从三楼往下跳，如果事先做好了充分的思想准备，而且对地形进行了仔细勘察之后，有可能不会受伤。但是，甲在仓促的情况下，从三楼跳下，加之二楼的平台很窄，上面有杂草，而且最近刚刚下过雨，非常滑。在这种情况下受伤的概率是很大的。况且甲作为具有完全民事行为能力的人，应当预见到从三楼跳下的严重后果。所以当然不符合意外伤害保险的“意外”的含义。因此笔者认为法院的一审判决是正确的。

3. 不利解释原则是否适用

在上述案例中，由于保险合同对“非本意”没有做出进一步的解释。所以，有专家认为应适用不利解释原则裁判该案。[①] 笔者不同意这种观点。不利解释原则的适用有一个前提，即在通常解释无法解决问题的情况下才会使用。但是该案运用通常的解释方法完全可以解决问题，就没有必要适用不利解释原则。虽然死亡不是甲追求的结果，但在当时的情况下，甲应该预见到跳楼的后果，尤其是在非常急迫的情况下跳楼的后果。不符合“意外”的构成要件，所以，不属于意外伤害。

---

① 参见中央电视台今日说法播出的节目《意外之争》。

三、对"非疾病"的争议

1. 雪山意外身故①

2008 年 6 月，一位网名叫珊瑚的女士参加了由新疆乔戈里高山探险公司(下称"乔戈里公司")组织的新疆慕士塔格峰登山活动。

乔戈里公司以参加登山活动的队员为被保险人，向在上海的某家保险公司投保了其"畅游神州"境内旅行意外伤害保险。保险公司承保并出具保险单。该保险单项下，保险公司承保的险种有意外身故险等共 8 种，其中意外身故险种的保险金额为人民币 30 万元。

珊瑚与登山队员于 2008 年 7 月 4 日进驻登山大本营(海拔 4 430米)，7 月 18 日上午 8∶50 到达顶峰后下撤，于晚上 18∶40 回到大本营，19 日上午 11∶30，其他登山队员发现珊瑚已无生命迹象，经现场抢救并送最近的塔什库尔干县抢救无效，确定已经死亡 5 个小时以上，遂向公安机关报案、并向保险公司报险。后经新疆阿克陶县公安局法医鉴定，警方认定珊瑚"在低氧环境活动后出现缺氧致呼吸及循环功能紊乱并作用于心脏，引起呼吸及循环衰竭而死亡"。

珊瑚死后，其父母作为珊瑚的继承人向保险公司进行保险索赔。保险公司拒绝赔偿意外身故保险金 30 万元。家属对保险公司的拒赔决定不能接受，向法院提起诉讼。

2. 高山病是不是病

意外伤害保险是排除因疾病引发的死亡、伤残的情况的，也就是"非疾病"。但本案的死亡原因是高山病。高山病属不属于疾病是本案争议的焦点。

---

① 案例来源于中央电视台经济与法播出的节目《魂归雪山》。

保险公司认为，珊瑚的死亡是基于高山病，并且缺氧情形是可以预见的，不符合“非疾病的、不可预见”这两个条件，因此才拒绝赔偿。

(1)什么是高山病 高山病也称“高山适应不全症”。人体对高山缺氧环境适应能力不足而引起的各种临床表现的总称。高山病的症状有：呕吐、耳鸣、头痛、呼吸急迫、食欲不振、发烧、睡意朦胧，严重者会出现感觉迟钝、情绪不宁、精神亢奋、思考力与记忆力减退、听、视、嗅、味觉异常、产生幻觉等，也可能发生水肿、休克或痉挛等现象。

(2)高山病是否属于疾病 依据高山病的定义可知，它是人体由于缺氧而临时产生的一种不良反应，有别于传统意义上的疾病。从这个角度讲，高山病不是病。

此外，从珊瑚的身体状况来讲，是没有问题的。家属向法庭提供了珊瑚的连续三年体检，看得出珊瑚从来没有得过什么病，身体非常健康。珊瑚喜欢登山，已经多次征服过海拔超过 7 000 米的高山，身体也没有什么不适，更没有病。其他山友、登山公司的证明也能够确定，在这次登山活动中，直到最后一刻，珊瑚的身体都很不错，从没有见其得过什么病。也没有证据表明，珊瑚在睡梦中忽然患了重病而不能摄入氧气，所以有充分的理由说明，珊瑚的死亡不是基于疾病。

珊瑚的亲属已经就珊瑚的健康状况履行了举证义务，如果保险公司不认可其亲属的举证。那么，按照举证规则，应由保险公司举证证明珊瑚有病，如果举证不力，应承担不利后果。如果认定缺氧这个事件是疾病，保险公司就必须要提供证据，来证明珊瑚得了什么疾病，并且该疾病导致缺氧而致人死亡。可是，保险公司没有任何证据表明珊瑚在死亡前罹患能够导致死亡的疾病，仅凭猜测认定珊瑚是罹患了高山病而导致缺氧，这种观点无法成立。

(3)高山病能否预见 保险公司声称，登高山必然会出现缺氧，因此缺氧是一个可以预见的事件，不符合意外的构成要件，因此拒赔。笔者认为这种说法是强词夺理的。缺氧是可以预见的，但是缺氧导致死亡是不可预见的。因为在高原地区、高海拔地区，缺氧是普遍的。但是，并不是说缺氧就必然导致死亡。所以，保险公司的说法是站不住脚的。

另外，就珊瑚而言，她热爱登山，多次征服过海拔很高的山峰，身体比常人更能适应缺氧的环境，从来也没有在高山上缺氧患病的经历。虽然知道高海拔相对于低海拔，氧气含量一定会减少，但是对于自己作为一个准专业的登山运动员，这个氧气含量也是够用的，并不能预见到自己会因缺氧而死亡。还有，这次登山是由专业登山公司组织，由当地高山居民进行辅助，在高海拔上，她生活了15天安然无恙，同一组登山者、登山公司的证明都能证实，珊瑚并没有任何缺氧的反应。所以，她无论如何也无法预见到缺氧会导致自己很快死亡。所以，本案中根本不存在所谓“可预见”的问题。保险公司拒赔理由不能成立。

3. 案件结果

2009年7月29日，本案在浦东新区法院再次开庭，并在庭上做出了判决。法院判决，保险公司赔偿家属30万元保险金，同时承担诉讼费用。

本案给我们的启示是，理论永远落后于生活。对理论必须结合具体案例加以阐释，才能探究其真正的意义。

四、自杀还是意外

1. 死亡的原因是中毒

2006年8月，九江市德安县发生了一起意外事件。一位名叫李春芝的中年妇女在给桃树喷洒农药时中毒死亡。李春芝生前购买了7份意外伤害保险，保险金额高达68万元。现有证据无法确定李春芝是服毒自杀、误服农药死亡还是意外中毒死亡。保险公司怀疑李春芝骗保，于是拒绝赔付保险金。而李春芝的亲属则主张是意外中毒死亡，要求保险公司赔付保险金。双方产生争议，闹上法庭。[①]

2. 被保险人自杀的举证责任

《保险法》第四十四条规定："以被保险人死亡为给付保险金条件的合同，自合同成立或者合同效力恢复之日起二年内，被保险人自杀的，保险人不承担给付保险金的责任，但被保险人自杀时为无民事行为能力人的除外。"根据该规定，如果李春芝是自杀，属于故意，违反了意外伤害保险的"偶然性"，保险公司是可以拒绝赔偿的。

问题是，对被保险人的死亡是自杀还是因意外事故死亡，其举证责任应该由请求给付死亡保险金的受益人承担，还是由保险公司承担？这就是法律上的举证责任的归属问题。依据民事诉讼的举证规则"谁主张谁举证"，如果保险公司认为被保险人系自杀，应由保险公司承担举证责任。

在上述案件中，李春芝的亲属可以证明李春芝在给桃树喷洒农药时中毒死亡的。而且在最先抢救李春芝的医院的疾病证明书上，医院做出的诊断是：混合农药皮肤吸收中毒，中枢性呼吸循环衰竭。根据常识，服毒自杀会有呕吐的现象，但是，李春芝入院以后没有呕吐现象。这也能排除服毒自杀的可能性。有了以上证据，李家的举证责任已经完成。保险公司如果怀疑李春芝是自杀，那么应承担举证责任。如果举证不力，应承担不利的后果。

3. 国外相关立法例对举证责任的规定

在一般情况下，根据伤害保险条款的规定，保险人对保险金受益人提出的支付死亡保险金的请求，表示怀疑而拒绝支付保险金时，则对其发生的保险事故的偶然性，负有举证的责任。

---

① 案例来源于中央电视台法治视界播出的节目《农妇与保单》。

从比较法的角度来看，德国的保险法180a条中规定，保险人负有举证责任。而在美国许多州的保险法中则规定，在一般的情况下，对保险事故的损害不承担补偿责任的情况下，其举证责任由保险人承担。但也有例外，由受益人举证的。[①]

"一刀切"的做法是不可取的。应根据个案进行分析，如果保险公司有足够的证据证明"具有十分浓厚的自杀嫌疑"，比如被保险人负债累累，濒临破产，还购买巨额保险。这个时候的举证责任可以转由受益人承担。

① 沙银华：《日本经典保险判例评释》，法律出版社，2002年10月第1版，第183页.

第五章　农村小额财产保险

第一节　养殖保险

【案例导读】

村头的老陈是养猪专业户，要为自己的养猪场投保。他的养猪场肥育猪一年出栏数为 2 000 头，每头保费按 500 元计算，则每头保费 500 元/头×1.5%（保险费率）×0.95（投保数量系数）＝7.125 元，2 000 头保费 14 250 元，政府补贴 50%，老陈自付14 250×50%＝7 125 元；假如老陈的养猪场因洪水冲走 800 头肥猪，则老陈获赔额：[800×50%－5 元（免赔额）]×500 元/头＝197 500 元。

一、养殖业保险的概念

它是指以有生命的陆生动物或水生生物为保险标的，保险人在被保险人支付约定的保险费后，对保险标的的因遭受保险责任范围内的自然灾害、意外事故和疾病所造成的损失，对被保险人进行经济补偿的一种保险业务。

二、养殖业保险的内容

（一）保险标的

养殖业保险是指以饲养的畜、禽等的陆生动物和水生动物等为保险标的，如奶牛、能繁母猪、雏鸡、对虾和深水网箱养殖等。

（二）保险期限

养殖业保险的保险期限，一般与动物养殖的生产周期相一致。

由于养殖对象的种类繁多，其生活习性、生长规律等各有特点，所以养殖业保险的责任期限不可能按自然年度或其他时间区间确定一个统一的保险期限，而需要根据不同保险标的的养殖周期和风险特点来确定，保险责任期限因不同的保险标的应有长短的差异。

（三）保险金额

养殖业保险中的不同保险标的的保险金额，应根据其价值来分别确定。总的原则是不能出现超过价值投保而引起道德风险。要以被保险人具有的保险利益为最高限额。一般采取的是成本保险，保险金额一般由幼苗费和饲料费构成。计算公式可以简单的表示为：

保险金额＝幼苗费＋每日饲料费×保险天数

但是例如能繁母猪保险的保险金额则是一个固定的数额。因此，在养殖业保险中，要根据不同的保险标的确定其保险金额。

（四）保险分类

养殖业保险是指以饲养的畜、禽和水生动物等为保险标的，对在养殖过程中发生约定的灾害事故造成的经济损失承担赔偿责任的一种保险。一般把养殖业保险分为畜禽养殖保险和水产养殖保险两大类。

1. 牲畜养殖保险

（1）牲畜保险　牲畜在饲养过程中，面临的灾害风险较大，如疾病、自然灾害或意外事故造成的死亡或伤残。牲畜保险一般根据不同牲畜的饲养风险，选择几种主要的传染病，再加上部分自然灾害和意外事故作为保险责任。但是会尽量避免承保与人为因素密切相关的风险。

（2）家禽保险　家禽保险是指为经人们长期驯化培育，可以提供肉、蛋、羽绒等产品或其他用途的禽类提供的一种保险，由于家禽在饲养过程中一般采取高密度的规模养殖方式，因此，承保责任以疾病，自然灾害和意外事故等综合责任为主。由于家禽具有品种多、生长速度快、商品率高、用途广泛等特点所以家禽采用的技术方法也多种多样。

这里就几个常见的险种进行简单的介绍。

【案例导读】

奶牛难产死亡案

某农户将其饲养的10头奶牛向保险公司投保，保险金额为80 000元(8 000元/头)，其平均购进价为10 000元/头，保险期间为一年，保费农户一次性交清。在保险期限内因难产死亡一头。经保险公司所聘医师前往鉴定情况属实，属于保险责任，同意立案受理。又经市场调查得知该品种与之畜龄相近的奶牛的价格均在12 000元以上，该标的尸体可变价为1 200元。由于条款中未明确“保险成数”的计算方式，故计算赔款有如下两种方法。

(1)赔款＝保险金额－变价收入×保险成数＝8 000－1 200×80%＝7 040(元)。

(2)赔款＝保险金额－变价收入×保险成数＝8 000－1 200×8 000/12 000×100%＝7 200(元)。

分析：该品种奶牛出险时市场价格比被保险人两年前购进时的平均价格涨高了2 000多元，故按保额减残值确定赔款即可。但是保险成数却发生了变化，有两种意见。一是按投保时的八成计算；二是按出险时保险金额与市场价格的比例计算。两种方法中，笔者赞成前者，理由是承保约定保险金额时，双方都知道其进价，并按进价的八成确定了保险金额。

【保险险种】

某某保险公司奶牛养殖保险条款

1　总则

本保险合同由保险条款、投保单、保险单、保险凭证以及批单组成。凡涉及本保险合同的约定,均应采用书面形式。

2　保险标的

符合下列条件的奶牛可作为本保险合同的保险标的(以下简称保险奶牛):

(1)投保的奶牛品种必须在当地饲养1年以上(含);

(2)投保时奶牛畜龄在1周岁以上(含)7周岁以下(不含);

(3)投保奶牛经畜牧兽医部门验明无伤残,无本保险责任范围内的疾病,营养良好,饲养管理正常,能按所在地县级畜牧防疫部门审定的免疫程序接种并有记录,且奶牛必须具有能识别身份的统一标志;

(4)饲养场所在当地洪水水位线以上的非蓄洪、行洪区;

(5)管理制度健全、饲养圈舍卫生、能够保证饲养质量。

投保人应将符合上述条件的奶牛全部投保,不得选择投保。

3　保险责任

3.1　在保险期间内,由于下列原因直接造成保险奶牛死亡,保险人按照本保险合同的约定负责赔偿:

(1)火灾、爆炸;

(2)暴雨、洪水(政府行蓄洪除外)、风灾、雷电、冰雹、冻灾;

(3)泥石流、山体滑坡、地震;

(4)建筑物倒塌、空中运行物体坠落;

(5)口蹄疫、布鲁氏菌病、牛结核病、牛焦虫病、炭疽、伪狂犬病、副结核病、牛传染性鼻气管炎、牛出血性败血症、日本血吸虫病、难产。

3.2　在保险期间内，由于发生3.1第(5)项中列明的高传染性疫病，政府实施强制扑杀导致保险奶牛死亡，保险人也负责赔偿，但赔偿金额以保险金额扣减政府扑杀专项补贴金额的差额为限。

4　责任免除

4.1　下列原因造成的损失、费用，保险人不负责赔偿：

(1)投保人及其家庭成员、被保险人及其家庭成员、投保人或被保险人雇用人员的故意行为、管理不善；

(2)除第4条规定的政府强制扑杀外的其他行政行为或司法行为；

(3)保险奶牛在疾病观察期内患有保险责任范围内的疾病。

4.2　其他不属于本保险责任范围内的损失、费用，保险人不负责赔偿。

5　保险金额

保险奶牛的每头保险金额参照奶牛品种、畜龄以及当地市场奶牛价格，由投保人与保险人协商确定，并在保险单中载明，但最高不得超过其投保时市场价格的6成。参照当地市场价格的6成协商确定，且不超过4 000元。

保险金额＝每头保险金额×保险数量

保险数量和每头奶牛的保险金额以保险单载明为准。

6　保险期间与观察期

6.1　除另有约定外，本保险合同的保险期间为一年，以保险单载明的起讫时间为准。

6.2　自保险期间开始之日起20日(含)内为保险奶牛的疾病观察期。保险奶牛在疾病观察期内因3.1第(5)项中列明的疾病导致死亡的及第四条中政府实施强制扑杀导致保险奶牛死亡的，保险人不负责赔偿。保险期间届满续保的奶牛，免除观察期。

7　保险人义务

7.1 订立本保险合同时,采用保险人提供的格式条款的,保险人向投保人提供的投保单应当附格式条款,保险人应当向投保人说明本保险合同的内容。对保险合同中免除保险人责任的条款,保险人在订立合同时应当在投保单、保险单或者其他保险凭证上作出足以引起投保人注意的提示,并对该条款的内容以书面或者口头形式向投保人做出明确说明。未做提示或者明确说明的,该条款不产生效力。

7.2 本保险合同成立后,保险人应当及时向投保人签发保险单或其他保险凭证。

7.3 保险人按照保险合同的约定,认为被保险人提供的有关索赔的证明和资料不完整的,应当及时一次性通知投保人或者被保险人补充提供。

7.4 保险人收到被保险人的赔偿请求后,应当及时做出是否属于保险责任的核定。

保险人应当将核定结果通知被保险人;对属于保险责任的,在与被保险人达成赔偿保险金的协议后10日内,履行赔偿保险金义务。保险合同对赔偿保险金的期限有约定的,保险人应当按照约定履行赔偿保险金的义务。

保险人依照前款约定做出核定后,对不属于保险责任的,应当自做出核定之日起3日内向被保险人发出拒绝赔偿保险金通知书,并说明理由。

8 投保人、被保险人义务

8.1 订立保险合同,保险人就保险奶牛或被保险人的有关情况提出询问的,投保人应当如实告知。

投保人故意或者因重大过失未履行前款规定的如实告知义务,足以影响保险人决定是否同意承保或者提高保险费率的,保险人有权解除本合同。

投保人故意不履行如实告知义务的,保险人对于合同解除前发生的保险事故，不承担赔偿责任，并不退还保险费。

投保人因重大过失未履行如实告知义务，对保险事故的发生有严重影响的，保险人对于合同解除前发生的保险事故，不承担赔偿责任，但应当退还保险费。

8.2　除另有约定外，投保人应在本保险合同成立时交清保险费。

投保人未按照保险合同的约定及时足额交付保险费的，保险人可解除保险合同，保险合同自保险人解除保险合同的书面通知送达投保人时解除，保险人有权向投保人收取保险责任开始时至保险合同解除时期间的保险费。

保险人对于合同解除前发生的保险事故，按照保险事故发生时投保人已交保险费与本保险合同约定应交保险费的比例承担赔偿保险金的责任。

8.3　被保险人应当遵守国家及地方有关部门奶牛饲养管理的规定，搞好饲养管理，建立、健全和执行防疫、治疗的各项规章制度，接受畜牧兽医部门和保险人的防疫防灾检查及合理建议，切实做好安全防疫防灾工作，维护保险奶牛的安全。

保险人可以对被保险人遵守前款约定的情况进行检查，及时向投保人、被保险人提出消除不安全因素和隐患的书面建议，投保人、被保险人应该认真付诸实施。

投保人、被保险人未按照约定履行其对保险奶牛安全应尽责任的，保险人有权要求增加保险费或解除保险合同。

8.4　保险奶牛转让的，被保险人或者受让人应当及时通知保险人。

因保险奶牛转让导致危险程度显著增加的，保险人自收到前款规定的通知之日起 30 日内，可以增加保险费或者解除保险合同。

被保险人、受让人未履行本条规定的通知义务，因转让导致保险奶牛危险程度显著增加而发生保险事故的,保险人不承担赔偿责任。

8.5　在保险期间内,如保险奶牛的危险程度显著增加的,被保险人应及时通知保险人,保险人可以增加保险费或解除保险合同。

被保险人未履行前款约定的通知义务,因保险奶牛危险程度显著增加而发生保险事故,保险人不承担赔偿责任。

8.6　知道保险事故发生后,被保险人应该:

(1)尽力采取必要、合理的措施,防止或减少损失,否则,对因此扩大的损失,保险人不承担赔偿责任;

(2)及时通知保险人,并书面说明事故发生的原因、经过和损失情况;因故意或重大过失未及时通知,致使保险事故的性质、原因、损失程度等难以确定的,保险人对无法确定的部分,不承担赔偿责任;但保险人通过其他途径已经及时知道或者应当及时知道保险事故发生的除外;

(3)保护事故现场,允许并且协助保险人进行事故调查。

8.7　被保险人请求赔偿时,应向保险人提供下列证明和资料:

(1)保险单正本;

(2)索赔申请书;

(3)损失清单;

(4)政府畜牧防疫监督管理机构出具的真实合法的诊断证明、死亡原因证明和防疫记录等证明材料;

(5)投保人、被保险人所能提供的与确认保险事故的性质、原因、损失程度等有关的证明和资料。

被保险人未履行前款约定义务,导致保险人无法核实损失情况的,保险人对无法核实的部分不承担赔偿责任。

9　赔偿处理

9.1　保险事故发生时，被保险人对保险奶牛不具有保险利益的，不得向保险人请求赔偿保险金。

9.2　保险奶牛死亡后，如果有残余价值，应由双方协商处理。如折归被保险人的，由双方协商确定其价值，并在保险赔款中扣除。

9.3　保险奶牛发生保险责任范围内的死亡，保险人按以下方式计算赔偿：

(1)发生第3条列明的保险事故，赔偿金额计算如下：

赔偿金额＝死亡数量×每头保险金额－残值

(2)发生第4条列明的扑杀事故，赔偿金额计算如下：

赔偿金额＝死亡数量×(每头保险金额－每头奶牛政府扑杀专项补贴金额)

9.4　发生保险事故时，保险单载明的保险数量小于其可保数量时，可以区分保险数量与非保险数量的，保险人以保险单载明的保险数量为赔偿计算标准；无法区分保险数量与非保险数量的，保险人按保险单载明的保险数量与可保数量的比例计算赔偿。

保险单载明的保险数量大于其可保数量时，保险人以可保数量为赔偿计算标准。

本条所指可保数量指符合第2条规定的保险奶牛实际养殖数量。

9.5　发生保险事故时，若保险奶牛每头保险金额低于或等于出险时的实际价值，则以每头保险金额为赔偿计算标准；若保险奶牛每头保险金额高于出险时的实际价值，则以出险时的实际价值为赔偿计算标准。

9.6　保险事故发生时，如果存在重复保险，保险人按照本保险合同的相应保险金额与其他保险合同及本保险合同相应保险金额总和的比例承担赔偿责任。

其他保险人应承担的赔偿金额，本保险人不负责垫付。若被保险人未如实告知导致保险人多支付赔偿金的，保险人有权向被保险人追回多支付的部分。

9.7　保险奶牛发生部分损失，保险人履行赔偿义务后，本保险合同的保险金额、保险数量自损失发生之日起相应减少，保险人不退还保险金额减少部分的保险费。

9.8　未发生保险事故，被保险人谎称发生了保险事故，向保险人提出赔偿请求的，保险人有权解除保险合同，并不退还保险费。

投保人、被保险人故意制造保险事故的，保险人有权解除保险合同，不承担赔偿责任，不退还保险费。

保险事故发生后，投保人、被保险人以伪造、变造的有关证明、资料或者其他证据，编造虚假的事故原因或夸大损失程度的，保险人对其虚报的部分不承担赔偿责任。

9.9　发生保险责任范围内的损失，应由有关责任方负责赔偿的，保险人自向被保险人赔偿保险金之日起，在赔偿金额范围内代位行使被保险人对有关责任方请求赔偿的权利，被保险人应当向保险人提供必要的文件和所知道的有关情况。

被保险人已经从有关责任方取得赔偿的，保险人赔偿保险金时，可以相应扣减被保险人已从有关责任方取得的赔偿金额。

保险事故发生后，保险人未赔偿保险金之前，被保险人放弃对有关责任方请求赔偿权利的，保险人不承担赔偿责任；保险人向被保险人赔偿保险金后，被保险人未经保险人同意放弃对有关责任方请求赔偿权利的，该行为无效；由于被保险人故意或者因重大过失致使保险人不能行使代位请求赔偿的权利的，保险人可以扣减或者要求返还相应的保险金。

9.10　被保险人向保险人请求赔偿的诉讼时效期间为 2 年，自其知道或者应当知道保险事故发生之日起计算。

10　争议处理与法律适用

10.1　因履行本保险合同发生的争议，由当事人协商解决。协商不成的，提交保险单载明的仲裁机构仲裁；保险单未载明仲裁机构或者争议发生后未达成仲裁协议的，依法向人民法院起诉。

10.2　与本保险合同有关的以及履行本保险合同产生的一切争议，适用中华人民共和国法律（不包括港澳台地区法律）。

11　其他事项

11.1　保险人解除保险合同的，按短期费率计收自保险责任开始之日起至合同解除之日止期间的保险费，并退还剩余部分保险费。

11.2　保险奶牛发生全部损失，属于保险责任的，保险人在履行赔偿义务后，本保险合同终止；不属于保险责任的，本保险合同终止，保险人按短期费率计收自保险责任开始之日起至损失发生之日止期间的保险费，并退还剩余部分保险费。

12　释义

本保险合同涉及下列术语时，适用下列释义。

(1)火灾：指在时间或空间上失去控制的燃烧所造成的灾害。它必须具备 3 个条件：①有燃烧现象，即有热有光有火焰；②偶然、意外发生的燃烧；③燃烧失去控制并有蔓延扩大的趋势。

(2)爆炸：包括物理性爆炸和化学性爆炸。物理性爆炸指由于液体、固体变为蒸气或其他膨胀，压力急剧增加并超过容器所能承受的极限压力而发生的爆炸。化学性爆炸指物体在瞬间分解或燃烧时放出大量的热和气体，并以很大的压力向四周扩散的现象。

(3)暴雨：指每小时降雨量达 16 毫米以上，或连续 12 小时降雨量达 30 毫米以上，或连续 24 小时降雨量达 50 毫米以上的降雨。

(4)洪水：指山洪暴发、江河泛滥、潮水上岸及倒灌。

(5)风灾：包括暴风、龙卷风、台风等风力 8 级以上，风力在 17.2 米/秒以上的自然风。

(6)雷电：指积雨云中、云间或云地之间产生的放电现象，其破坏形式分为直接雷击和感应雷击两种。

(7)冰雹：从强烈对流的积雨云中降落到地面的冰块或冰球，是直径大于5毫米，核心坚硬的固体降水。

(8)冻灾：指冷空气活动等原因使土壤表面、植物表面以及近地面的气温突然下降到0℃以下的短时间低温灾害。

(9)泥石流：由于雨水、冰雪融化等水源激发的、含有大量泥沙石块的特殊洪流。

(10)山体滑坡：山体上不稳的岩土体在重力作用下突然整体向下滑动的现象。

(11)建筑物体倒塌、空中运行物体坠落：指空中飞行器、人造卫星、陨石坠落，吊车、行车在运行时发生的物体坠落，人工开凿或爆炸而致石方、石块、土方飞射、塌下，建筑物倒塌、倒落、倾倒，以及其他空中运行物体坠落。

(12)地震：地壳发生的震动。

(13)重大过失行为：指行为人不但没有遵守法律规范对其较高要求，甚至连人们都应当注意并能注意的一般标准也未达到的行为。

【案例导读】

某地区的养猪大户老王要给自己的养猪场投保，保险期限从2009年3月4日起到2010年3月3日止，保险期限为一年，保费农户一次性交清。他的猪场肥育猪一年出栏为3 000头，投保存栏数为1 500头(相应的投保系数为0.95)，保险金额按500元/头计算。2009年8月7日突发洪水，造成1 000头肥育猪被洪水冲走。老王随即报案，经公司核查，被保险人所报灾情属实，认为属于保险条款规定的“洪水”保险责任范围，同意立案受理。此次事故，绝对免赔头数为5，老王能获得多少赔款？

保险费＝3 000×500×5%×0.95＝71 250 元

赔款金额＝(1 000×50%－5)×500＝247 500 元

【保险险种】

某某保险公司生猪养殖保险条款

1　保险条件

1.1　种猪在 8 月龄至 4 岁之间；育肥猪体重在 10 千克以上。

1.2　建场一年以上，并取得动物防疫合格证。

1.3　单个场存栏基础为母猪 10 头以上或每批存栏肥育猪 50 头以上，按年投保的年出栏育肥猪 200 头以上。

1.4　饲养场所在当地洪水水位线以上的非蓄洪、行洪区。

1.5　经营管理制度健全。

2　保险责任

在保险期间内，由于下列原因直接造成保险母猪死亡，保险人按照保险合同的约定负责赔偿：

(1)火灾、爆炸；

(2)雷电、暴雨、洪水、龙卷风、冰雹、台风、地震；

(3)山体滑坡、泥石流；

(4)建筑物倒塌、空中运行物体坠落；

(5)败血症、蓝舌病、痒病、猪瘟、猪肺炎、猪丹毒、蓝耳病、流行性腹泻、猪链球菌、口蹄疫及其免疫副反应、高温热应征。

3　责任免除

下列原因造成的损失、费用，保险人不负责赔偿：

(1)投保人及其家庭成员、被保险人及其家庭成员、投保人或被保险人雇用人员的故意行为、管理不善；

(2)行政行为或司法行为；

(3)战争、军事行动、恐怖活动、敌对行为、武装冲突、民间冲突、罢工、骚乱或暴动；

(4)保险母猪在疾病观察期内患有保险责任范围的疾病而死亡。

4 保险金额

(1)保险种猪每头保险金额为1 000元，并且不超过其市场价格的6成；

(2)育肥猪每头保险金额按当地饲养一头100千克育肥猪总成本的6成确定，最高不超过600元/头。分批投保的，投保数量按每批存栏数确定；按一年期投保的，投保数量按当年累计出栏数确定，同时必须确定投保存栏数，当年累计出栏数不低于投保存栏数的2.4倍。

5 保险期间与观察期

5.1 除另有约定外，本保险合同的保险期间为一年，以保险单载明的起讫时间为准。

5.2 自本保险期间开始之日起15日内为保险母猪的疾病观察期。保险期间届满续保的能繁母猪，免除观察期。

6 赔偿处理

保险标的遭受损失后，如果有残余价值，则该价值应在双方协商确定其金额后，在核定实际损失时作相应的扣除。残余的受损保险标的仍归被保险人所有。

保险标的发生保险责任范围内的损失，保险人按以下方式计算赔偿：

(1)每次事故保险人按实际存栏数的0.5%扣除绝对免赔头数(四舍五入)，但绝对免赔头数最低以2头、最高80头为限；

(2)保险金额高于出险时的市场价格时，则每头生猪最高赔偿金额不超过市场价格；

(3)如被保险人的生猪投保数量低于实际存栏数量的90%，保险人按照投保数量与实际存栏数量的比例计算赔偿金额；

(4)保险生猪被洪水冲走流失的，保险人按冲走流失数的50%计算生猪死亡数量；

(5)种猪的赔偿金额按照使用年限比例递减，每使用一年扣除保险金额的20%。

育肥猪的赔偿金额按尸重和每公斤保险金额确定，计算公式为：

赔偿金额＝尸重(千克)×保险金额/100(千克)

若育肥猪体重超过100千克，按100千克计赔。

生猪养殖保险费率表

投保数量	投保数量系数
投保数量≤1 000头	1.00
1 000头＜投保数量≤5 000头	0.95
5 000头＜投保数量≤10 000头	0.90
投保数量＞10 000头	0.80

2. 水产养殖保险[①]

【案例导读】

12月1日凌晨，一场突如其来的泥石流污染了彭州市通济镇羊叉村2组水产养殖户肖平的养殖场，1.35万余千克快要上市的鲟鱼被浑水所呛，缺氧窒息死亡。所幸肖平投了水产养殖保险，为此，他立即向保险公司报案索赔。12月14日，在成都市税务局、彭州市税务局和当地政府的有关见证下，法国安盟保险公司中国区总经理将17万余元的保险赔付金送到肖平手上。这是成都将水产养殖纳入政策性特色农业保险试点以来发生并兑现的首例保

① 冯文丽，杨美．农业保险投保指南．中国农业出版社，2011.

险，也是四川首例水产养殖保险赔偿案。

水产养殖保险是由保险机构为水产养殖者在水产养殖的过程中，对遭受自然灾害和意外事故所造成的经济损失提供经济保障的一种保险。其中，水产养殖是指利用海洋水域、滩涂和内陆水域中的可养面积，对鱼、虾、蟹、贝、藻类及其他水生经济动植物进行人工投放苗种、饵料和经营管理，以获取相应产品的生产活动，分为淡水养殖和海水养殖。

淡水养殖保险，指以人类利用淡水水域进行人工养殖的水产品，在出现灾害以后由保险机构提供赔付的一种水产养殖保险。按照养殖场所的不同，分为池塘养殖保险、湖泊养殖保险、江河水库养殖保险、深水网箱养殖保险、流水养殖保险、稻田养殖保险。

海水养殖保险，指以人类利用海水水域进行人工养殖的水产品，在出现灾害以后由保险机构提供赔付的一种水产养殖保险。按照养殖对象的不同，分为鱼类养殖保险、虾类养殖保险、藻类养殖保险、贝类养殖保险、海带养殖保险等。按照养殖场所和养殖方式的不同，分为滩涂养殖保险、海上网箱养殖保险、海上贻贝吊养保险和扇贝笼养保险和底播养殖保险。

(1)保险类别　水产养殖品种习性差异较大，造成具体的保险条款也有差异，所以水产养殖保险的保险种类也非常多，一般多集中于鱼、虾。

养鱼保险是以精养鱼塘内人工饲养的各类成鱼为保险标的的一种保险。凡养殖户在精养鱼塘内饲养的食用淡水鱼，管理正常，均可向保险机构投保。保险后，因遭到泛塘、投毒、农田的农药流入鱼塘而致死亡造成经济损失时，保险人负责赔偿。养鱼保险的保险期限一般为一年，中途清塘，保险责任即告终止。保险金额按每亩常年平均常量与固定单价计算，保险费按照保险人规定的保险费率计算。定损则依据见鱼估算损失，并根据损失程度的不同，最终经清塘确认赔偿金额。

养虾保险是以人工饲养的对虾为保险标的的一种保险。凡养殖户饲养的对虾，虾池选址合理，配有必要的抗灾防损设备、饲养管理正常，均可向保险人投保。投保后，由于遭到灾害性海潮、海啸与塌塘造成流失、恶劣性气候造成塘内缺氧以及他人投毒致使保险对虾的死亡造成的经济损失，保险人负责赔偿。养虾保险的保险期限一般是以约定的起保日到对虾全部出塘为止。保险金额按以亩定产，以产定值的原则确定，保险费按照保险人确定的保险费率计算。发生损失时由保险人通过查勘，定责定损后记录在案，收获清塘后，按实际损失确定赔偿金额。

我国的水产养殖保险曾开设有养鱼、养虾、育蚌、海带、贝类等的保险。目前的业务主要集中于养鱼、养虾保险，在上海、浙江、辽宁等省、市的部分地区开办。

(2)水产养殖保险的责任和责任免除

①保险责任。第一，自然灾害责任。目前水产养殖保险条款主要承担因自然灾害造成保险标的的流失或群体死亡损失。如台风、龙卷风、暴风、海啸、赤潮、暴雨内涝、洪水或台风造成潮水上岸及倒灌超过警戒水位等风险灾害。第二，意外事故责任。可保他人投毒、他人投掷爆炸物、中毒、触电等意外事故。第三，疾病责任。内陆地区的精养鱼虾，因疾病造成的损失最大，保疾病责任的风险也最大。

②责任免除。观察期内因保险责任事故造成的任何损失；因地基不牢或未按建筑施工要求或年久失修导致的地基下沉、池塘破裂或倒塌造成的损失；因抽水、排水、流水造成的损失。

(3)水产养殖保险的承保条件、期限、金额

①承保条件。水源充足、水质良好符合养殖要求，没有污染源，投保水产品必须是无伤残疾病，处于常规养殖状态，放养密度适宜，归属同一养殖者的成片水面必须全部投保，避免选择性投保。

②保险期限。由于我国水产养殖范围分布广阔，气候差异较大，而且养殖的品种很多，因此，水产养殖保险期限一般根据不同保险标的的养殖周期的不同的地域气候条件来分别确定。一般来说，不论保险期限的长短，从约定起保之日起应设置10～15天的承保观察期，观察期内的任何损失保险人不负赔偿责任。保险标的的中途捕捞、收获、出售或调离约定的保险地点，保险责任自行终止。保险期限也应定在保险标的收获70%～80%的阶段，防止利用保险末期的气象灾害变化，夸大保险责任和损失。

③保险金额。一般来说是按单位养殖水面确定保险金额，如四大家鱼和养虾等。另外，也有按尾为单位确定保险金额的，如集约化精养。

(4)水产养殖保险的赔偿处理

第一，采取递增法计赔的原则。赔偿办法要按照成本逐渐投入、标的价值逐渐增加的规律，根据保险期限内不同时期凝聚的不同成本量进行损失补偿，避免发生致病图赔的事件。常用的计赔方法如下。

比例法：根据养殖时间的长短，采取分档次比例由低到高计赔。此方法适用于按亩定保额的计赔。如四大家鱼流失险全损的赔付比例为，养殖时间1～2个月，赔付比例为保额的20%；养殖时间3～4个月，赔付比例为保额的35%；养殖时间5～6个月，赔付比例为保额的50%；养殖时间7～8个月，赔付比例为保额的60%；养殖时间9～10个月，赔付比例为保额的70%；养殖时间11～12个月，赔付比例为保额的80%。

公式法：根据养殖时间的长短，采取种苗全额赔偿，饲料费用按日递增计赔，此法适用于按尾定保额的计赔。如优质鱼保险的赔偿计算公式为：

赔款＝(种苗保额＋饲料费用保额/保险期限天数×保险天数)×损失数量－免赔额－残值

列表法：根据养殖周期内的成本投入规律，采取日赔付表的办法进行计赔。出险时根据实际养殖天数，查对日赔付表相应天数的赔付金额计算赔款，如过去对虾养殖保险采用此法。

重量法：根据捕捞的保险标的的损失重量，按事先约定的赔偿单价计算赔付。赔偿单价不能高于当时当地的平均市场价，一般掌握在平均市场价的 80%左右。

第二，坚持高免赔的原则。水产养殖保险一旦出险往往损失较大，出险后责任不易分清，损失程度也难于准确测定，绝对免赔要比其他养殖险定得高一些，通过理赔中较高的绝对免赔规定来剔除不属于保险责任范围的损失，在一定程度上降低人为的道德风险，如广东省水产养殖保险的绝对免赔额为出险养殖池保险金额的 20%。

(5)鉴定保险责任的方法

①自然灾害责任的鉴定。对列为保险责任的自然灾害要有量和质的具体规定，如台风责任规定为：标的所在县(区)的国家定点气象台站记录到的每 10 分钟平均最大风速≥17.2 米/秒以上的热带风暴袭击所致的直接损失。在这些灾害发生后，保险人要及时到有关部门查对核实。对灾害的确定必须有真实可靠的依据，以当地县以上气象部门实测的数据为准，不能用可能、估计、据了解或分析得出来的数据。

②意外事故责任的鉴定。对保险标的因缺氧浮头、中毒、触电和污染等造成的死亡，在参考有关部门证明的基础上，要注意与疾病死亡相区别，因目前很多水产养殖保险条款没有承担疾病责任，可从 3 个方面来区别和控制。

第一，保险持续的时间来区别。鱼病的发生一般有潜伏期，发病死亡的高峰期一般有 2～4 天，而意外事故导致鱼的死亡，一般是突发性的，死亡的高峰期比较短，多为 1～2 天。

第二，查验死鱼是否患病。对死鱼进行解剖诊断，确定是否因疾病死亡。

第三,赔偿处理上加以控制。在条款中约定保险人只负责意外事故造成保险标的从出险开始至 24 小时内(或 48 小时内)的死亡损失;发生意外事故的同时发现鱼病的,保险人不负赔偿责任,以防范道德风险。

(6)*核定损失程度主要方法* 目前我国水产养殖保险还没有较为先进的鉴别手段和技术来准确核定损失程度,通过多年的保险理赔工作实践,在定损的方法和技术方面,也摸索出一些办法。

①清池法。采取放干(抽干)池水清点死亡和存池数量进行核损。承保死亡责任险的,根据死亡数量核定损失程度;承保流失险责任的,根据存池数量算出流失率。将存池率(成活率)不足 5%,没有继续养殖价值的情况视为全损,对尚存部分作为残值处理,终止保险责任。此法比较准确,适用于集约化水产养殖、排放水设施良好的养殖池以及小面积养殖池抽水清池核损,死亡率和流失险均可采用。但大面积的抽水清池则费工费时,成本高,操作困难。

②捕捞法。采取按捕捞出池的死亡标的的数量或重量作为核损的依据。因为无论是何种原因造成保险 ,一般会自然浮出水面,被保险人在施救的过程中可以将其打捞上来。采用此法保险双方要事先约定或在条款中规定,保险人只赔偿打捞上来的死亡标的,沉入水底的则不予赔付。此法在死亡险业务中采用比较普遍,但不适用于养虾保险的定损,因为虾死亡后沉入池底,一般不浮出水面。

③抽样定损法。随机抽取几口养殖池,采用清池法或使用拉网在池内反复多次捕捞,求出各池的存池数量,算出平均流失率,用这个随机流失率推断大面积的流失率。此法也是清池法在大面积受灾核损中的运用,主要用于大面积鱼池流失险的定损。

另外,海上养殖保险(如贝类养殖保险)核定损失的方法主要采用随机抽样法。

第二节　农作物保险

【案例导读】

某某县村民委员会于2011年6月18日，在人保投保了种植业保险。被保险人：某某县村民委员会。投保方式：集体。保险标的项目：玉米。投保面积285.3亩，总保险金额为74 178元，每亩保险金额玉米260元，保险期限自2011年6月19日零时起至2011年10月31日止。特别约定：每次事故免赔率为10%。保费5 192.46元，农户部分保费一次性交清。

2011年7月20日，某某村38.9亩发生雹灾，致使该村38.9亩玉米受灾，造成事故。事后即报案。经现场查勘，被保险人所报灾情属实，损失程度为70%。认为属于保险条款规定的“冰雹”保险责任范围，同意立案受理。当前玉米普遍处于拔节期，冰雹对玉米造成的影响主要有：一是玉米叶片受损，影响了光合作用；二是玉米苗生长点受损，将严重影响玉米产量形成。

按照条款约定对保险玉米生长期内所发生的直接物化成本确定保额，单位保额玉米260元，因事故发生，承保玉米进入拔节期一抽穗期(260×70%)，故单位保额为182元，同时保单载明的保险亩数与投保人实际种植亩数一致，不存在比例赔付，故本次事故损失赔偿计算如下：

赔偿金额＝每亩保险金额×损失率×受灾亩数×(1－免赔率)＝182×70%×38.9×(1－10%)＝4 460.27元

一、农作物保险的概念

农作物保险以稻、麦等粮食作物和棉花、烟叶等经济作物为对象，以各种作物在生长期间因自然灾害或意外事故使收获量价值或生产费用遭受损失为承保责任的保险。

在作物生长期间，其收获量有相当部分是取决于土壤环境和自然条件、作物对自然灾害的抗御能力、生产者的培育管理。因此，在以收获量价值作为保险标的时，应留给被保险人自保一定成数，促使其精耕细作和加强作物管理。如果以生产成本为保险标的，则按照作物在不同时期、处于不同生长阶段投入的生产费用，采取定额承保。

二、农作物保险的内容

（一）保险种类

农作物可以分为两大类：粮食作物和经济作物。同样，农作物保险按保险标的进行分类，包括粮食作物保险和经济作物保险。

（二）保险标的

粮食作物保险主要以禾谷类作物、薯类作物和豆类作物为承保标的；经济作物保险主要以纤维作物、油料作物、糖类作物及瓜果、蔬菜等作物为承保标的。

（三）保险责任

农作物的风险损失可分为农作物数量减少、农作物质量下降、农作物价格下跌。一般而言，农作物保险只承担农作物数量和质量的损失，不承担价格风险。

（四）保险金额

我国农作物保险金额的确定采用了两种方式，一种是农作物收获量保险，一种是农作物成本保险。前者是以农作物的预期收获量作为保险标的价值，再据此确定保险金额，类似于国外的预期收获量制度。后者则是以农作物的种植成本作为保险标的价值，并以此确定保险金额，类似于国外的生产费保险制度。

（五）保险赔偿

国外采用的办法是实行比例责任制，根据保险金额占保险价值的比例，确定赔偿金额，此方法我国也在采用。

比例责任制是根据保险金额占保险价值的比例，确定赔偿金额的一种制度。

小额不赔偿制规定损失额在一定程度以下，保险人不负损失赔偿责任。它类同于我国对农作物保险规定的免赔率的方式。农作物保险一般适用于绝对免赔率。

75%责任制规定保险人承担平均收获量75%赔偿责任，其余25%由保险人自保或另行投保。

【保险险种】

某某保险公司玉米种植保险条款

1　总则

本保险合同由保险条款、投保单、保险单、保险凭证以及批单组成。凡涉及本保险合同的约定，均应采用书面形式。

2　保险标的

符合下列条件的玉米可作为本保险合同的保险标的（以下简称保险玉米）：

(1)经过政府部门审定的合格品种，符合当地普遍采用的种植规范标准和技术管理要求；

(2)种植场所在当地洪水水位线以上的非蓄洪、行洪区；

(3)生长正常。

投保人应将符合上述条件的玉米全部投保，不得选择投保。

间种或套种的其他作物，不属于本保险合同的保险标的。

3　保险责任

在保险期间内，由于下列原因直接造成保险玉米的损失，且损失率达到30%(含)以上的，保险人按照本保险合同的约定负责赔偿：

(1)暴雨、洪水(政府行蓄洪除外)、内涝;

(2)风灾、雹灾;

(3)冻灾。

4　责任免除

4.1　下列原因造成的损失、费用,保险人不负责赔偿:

(1)投保人及其家庭成员、被保险人及其家庭成员、投保人或被保险人雇用人员的故意行为、管理不善;

(2)行政行为或司法行为。

4.2　下列损失、费用,保险人不负责赔偿:

(1)发生保险责任范围内的损失后,被保险人自行毁掉或放弃种植保险玉米;

(2)按本保险合同载明的免赔率计算的免赔额;

(3)其他不属于本保险责任范围内的损失、费用。

5　保险金额与免赔率

5.1　保险玉米的每亩保险金额参照保险玉米生长期内所发生的直接物化成本,包括种子成本、化肥成本、农药成本、灌溉成本、机耕成本和地膜成本,由投保人与保险人协商确定,并在保险单中载明。

保险金额＝每亩保险金额×保险面积

保险面积以保险单载明为准。

5.2　每次事故的免赔率为10%。

6　保险期间

本保险合同的保险责任期间自保险玉米定苗时起,至成熟开始收获时止,但不得超出保险单载明的保险期间范围。

7　保险人义务

7.1　订立本保险合同时,采用保险人提供的格式条款的,保险人向投保人提供的投保单应当附格式条款,保险人应当向投保人说明本保险合同的内容。对保险合同中免除保险人责任的条款，保险人在订立合同时应当在投保单、保险单或者其他保险凭证上做出足以引起投保人注意的提示，并对该条款的内容以书面或者口头形式向投保人做出明确说明。未做提示或者明确说明的，该条款不产生效力。

7.2　本保险合同成立后，保险人应当及时向投保人签发保险单或其他保险凭证。

7.3　保险人按照保险合同的约定，认为被保险人提供的有关索赔的证明和资料不完整的，应当及时一次性通知投保人或被保险人补充提供。

7.4　保险人收到被保险人的赔偿请求后，应当及时做出是否属于保险责任的核定。

保险人应当将核定结果通知被保险人；对属于保险责任的，在与被保险人达成赔偿保险金的协议后10日内，履行赔偿保险金义务。保险合同对赔偿保险金的期限有约定的，保险人应当按照约定履行赔偿保险金的义务。

保险人依照前款约定做出核定后，对不属于保险责任的，应当自做出核定之日起3日内向被保险人发出拒绝赔偿保险金通知书，并说明理由。

8　投保人、被保险人义务

8.1　订立保险合同，保险人就保险玉米或被保险人的有关情况提出询问的，投保人应当如实告知。

投保人故意或者因重大过失未履行前款规定的如实告知义务，足以影响保险人决定是否同意承保或者提高保险费率的，保险人有权解除本合同。

投保人故意不履行如实告知义务的，保险人对于合同解除前发生的保险事故，不承担赔偿责任，并不退还保险费。

投保人因重大过失未履行如实告知义务，对保险事故的发生有严重影响的，保险人对于合同解除前发生的保险事故，不承担赔偿责任，但应当退还保险费。

8.2 除另有约定外，投保人应在保险合同成立时交清保险费。

投保人未按照保险合同的约定及时足额交付保险费的，保险人可解除保险合同，保险合同自保险人解除保险合同的书面通知送达投保人时解除，保险人有权向投保人收取保险责任开始时至保险合同解除时期间的保险费。

保险人对于合同解除前发生的保险事故，按照保险事故发生时投保人已交保险费与本保险合同约定应缴保险费的比例承担赔偿保险金的责任。

8.3 被保险人应当遵守国家以及地方有关玉米种植管理的规定，搞好种植管理，建立、健全和执行田间管理的各项规章制度，接受农业部门和保险人的防灾检查及合理建议，切实做好安全防灾防损工作，维护保险玉米的安全。

保险人可以对被保险人遵守前款约定的情况进行检查，及时向投保人、被保险人提出消除不安全因素和隐患的书面建议，投保人、被保险人应该认真付诸实施。

投保人、被保险人未按照约定履行其对保险玉米安全应尽责任的，保险人有权要求增加保险费或解除保险合同。

8.4 保险玉米转让的，被保险人或者受让人应当及时通知保险人。

因保险玉米转让导致危险程度显著增加的，保险人自收到前款规定的通知之日起30日内，可以增加保险费或者解除保险合同。

被保险人、受让人未履行本条规定的通知义务，因转让导致保险玉米危险程度显著增加而发生保险事故的，保险人不承担赔偿责任。

8.5 在保险期间内，如保险玉米的危险程度显著增加的，被保险人应及时通知保险人，保险人可以增加保险费或者解除保险合同。

被保险人未履行前款约定的通知义务，因保险玉米危险程度显著增加而发生保险事故，保险人不承担赔偿责任。

8.6　知道保险事故发生后，被保险人应该：

(1)尽力采取必要、合理的措施，防止或减少损失，否则，对因此扩大的损失，保险人不承担赔偿责任；

(2)及时通知保险人，并书面说明事故发生的原因、经过和损失情况；因故意或重大过失未及时通知，致使保险事故的性质、原因、损失程度等难以确定的，保险人对无法确定的部分，不承担赔偿责任；但保险人通过其他途径已经及时知道或者应当及时知道保险事故发生的除外；

(3)保护事故现场，允许并且协助保险人进行事故调查。

8.7　被保险人请求赔偿时，应向保险人提供下列证明和资料：

(1)保险单正本；

(2)索赔申请书；

(3)损失清单；

(4)投保人、被保险人所能提供的与确认保险事故的性质、原因、损失程度等有关的证明和资料。

被保险人未履行前款约定的义务，导致保险人无法核实损失情况的，保险人对无法核实的部分不承担赔偿责任。

9　赔偿处理

9.1　保险事故发生时，被保险人对保险玉米不具有保险利益的，不得向保险人请求赔偿保险金。

9.2　保险玉米遭受损失后，如果有残余价值，应由双方协商处理。如折归被保险人的，由双方协商确定其价值，并在保险赔款中扣除。

9.3　保险玉米发生保险责任范围内的损失，保险人按以下方式计算赔偿：

赔偿金额＝不同生长期的最高赔偿标准×损失率×受损面积×(1－免赔率)

损失率＝单位面积植株损失数量(或平均损失产量)/单位面积平均植株数量(或平均正常产量)

玉米不同生长期的最高赔偿标准

生长期	每亩最高赔偿标准
移栽成活－分蘖期	每亩保险金额×40％
拔节期－抽穗期	每亩保险金额×70％
扬花灌浆期－成熟期	每亩保险金额×100％

在发生损失后难以立即确定损失率的情况下，实行两次定损。第一次定损先将灾情和初步定损结果记录在案，经一定时间观察期后二次定损，以确定确切损失程度。

9.4　发生保险事故时，保险单载明的保险面积小于其可保面积时，可以区分保险面积与非保险面积的，保险人以保险单载明的保险面积为赔偿计算标准；无法区分保险面积与非保险面积的，保险人按保险单载明的保险面积与可保面积的比例计算赔偿。

保险单载明的保险面积大于其可保面积时，保险人以可保面积为赔偿计算标准。

本条所指可保面积指符合 2 中规定的保险玉米实际种植面积。

9.5　发生保险事故时，若保险玉米每亩保险金额低于或等于出险时的实际价值，则以每亩保险金额为赔偿计算标准；若保险玉米每亩保险金额高于出险时的实际价值，则以出险时的实际价值为赔偿计算标准。

9.6　保险事故发生时，如果存在重复保险，保险人按照本保险合同的相应保险金额与其他保险合同及本保险合同相应保险金额总和的比例承担赔偿责任。

其他保险人应承担的赔偿金额，本保险人不负责垫付。若被保险人未如实告知导致保险人多支付赔偿金的，保险人有权向被保险人追回多支付的部分。

9.7　保险玉米发生部分损失，保险人履行赔偿义务后，本保险合同的保险金额、保险面积自损失发生之日起相应减少，保险人不退还保险金额减少部分的保险费。

9.8　未发生保险事故，被保险人谎称发生了保险事故，向保险人提出赔偿请求的，保险人有权解除保险合同，并不退还保险费。

投保人、被保险人故意制造保险事故的，保险人有权解除保险合同，不承担赔偿责任，不退还保险费。

保险事故发生后，投保人、被保险人以伪造、变造的有关证明、资料或者其他证据，编造虚假的事故原因或夸大损失程度的，保险人对其虚报的部分不承担赔偿责任。

9.9　被保险人向保险人请求赔偿的诉讼时效期间为 2 年，自其知道或者应当知道保险事故发生之日起计算。

10　争议处理与法律适用

10.1　因履行本保险合同发生的争议，由当事人协商解决。协商不成的，提交保险合同单载明的仲裁机构仲裁；保险单未载明仲裁机构或者争议发生后未达成仲裁协议的，依法向人民法院起诉。

10.2　与本保险合同有关的以及履行本保险合同产生的一切争议，适用中华人民共和国法律(不包括港澳台地区法律)。

11　其他事项

11.1　因保险玉米转让导致危险程度显著增加的，保险人自收到 8.3 规定的通知之日起 30 日内，可以按照保险合同约定增加保险费或者解除保险合同。保险人解除保险合同的，按日比例计收自保险责任开始之日起至合同解除之日止期间的保险费，并退还剩余部分保险费。

11.2　保险玉米发生全部损失，属于保险责任的，保险人在履行赔偿义务后，本保险合同终止；不属于保险责任的，本保险合同终止，保险人按照日比例计收自保险责任开始之日起至损失发生之日止期间的保险费，并退还剩余部分保险费。

12　释义

本保险合同涉及下列术语时，适用下列释义：

(1)暴雨：指降雨量每小时在16毫米以上，或连续12小时降雨量达30毫米以上，或连续24小时降雨量达50毫米以上；

(2)洪水：指山洪暴发、江河泛滥、潮水上岸及倒灌或暴雨积水。规律性涨潮、海水倒灌、自动灭火设施漏水以及常年水位线以下或地下渗水、水管爆裂不属洪水责任；

(3)内涝：由于降水过多，地面积水不能及时排除，农田积水超过作物耐淹能力，造成作物减产；

(4)风灾：指8级以上大风，即风速在17.2米/秒以上即构成风灾责任；

(5)雹灾：指在对流性天气控制下，积雨云中凝结生成的冰块从空中降落，造成作物严重的机械损伤而带来的损失；

(6)冻灾：指因遇到0℃以下或长期持续在0℃以下的温度，引起植株体冰冻或是丧失一切生理活力，造成植株死亡或部分死亡等现象。

第三节　蔬菜大棚保险

【案例导读】[①]

7月25日深夜，扬州江都市小纪镇突遭龙卷风袭击，多处农

① 花兴松．黄牛．《新华日报》，2011年8月2日．

田、房屋受损，辖内由公司承保的蔬菜大棚损失严重，受损面积100亩左右，报损金额达20多万元。

清晨接报案后，人保财险公司扬州、江都市县两级机构迅速行动，立即组织人员赴现场查勘，配合政府部门开展抢险救灾和农险理赔工作，逐户核实损失情况，并积极搜集索赔资料，力争在最短的时间内将赔款支付到每位受灾农户手中，支援他们早日恢复生产。

为了有效转移蔬菜种植户的风险、维护菜价稳定，人保财险扬州市江都支公司积极开办蔬菜大棚保险这一特色农险险种，2011年以来承保面积达1 148亩，实现保费收入55万元。这次受灾严重的小纪镇种植户，正好在7月初参加了蔬菜大棚保险，面对突如其来的龙卷风灾害，农业保险给他们吃了一颗定心丸。

一、蔬菜大棚保险的概念

蔬菜大棚保险是以大棚棚体为保险标的，保险人在被保险人支付约定的保险费后，对保险标的因遭受保险责任范围内的自然灾害、意外事故所造成的损失，对被保险人进行经济补偿的一种保险业务。

二、蔬菜大棚保险的内容[①]

(一)保险标的

蔬菜大棚保险的保险标的为大棚棚体，主要包括骨架、立柱、塑料薄膜、苫盖物等几部分。

(二)保险责任

不同区域塑料大棚的类型不同、生产时期不同、生产期间的灾害组合不同，因而面临的种植风险不同。因此，不同区域的保险责

① 庹国柱.《农业保险》. 中国人民大学出版社，2005年1月第1版，208-209.

任也不同。

1. 火灾 塑料棚的骨架材料有的是竹木结构，覆盖物为塑料薄膜，薄膜上覆盖草苫或作物秸秆，这些都是易燃材料，易于发生火灾，烧毁棚体。

2. 雪灾 雪灾对蔬菜大棚造成的危险主要表现为压塌棚体、压毁蔬菜。

3. 暴风(台风、龙卷风) 风灾对蔬菜大棚造成的危害主要表现为刮毁棚体覆盖物，刮烂塑料膜，甚至吹垮棚架，进而棚内进风，致使蔬菜冻伤冻死。

4. 冰凌 初冬或冬末春初，遇到连续小雨、小雪天气，夜间又有寒流时，棚面容易结冰，形成冰层或者冰块，当大棚薄膜和棚体不负重荷时，棚体容易塌陷或者塌架。

(三)保险金额

蔬菜大棚的保险金额宜采用定额保险的办法确定，确定保险金额的具体办法是调查单位面积棚体的平均造价，特别是要掌握棚体材料价格，保险金额不能超过棚体造价，以免诱发道德风险。

为便于理赔，保险金额要风险确定。例如，有的公司保险条款规定，冬暖式塑料大棚每亩棚体材料限定保险金额 4 000 元，其中水泥柱 1 000 元，大竹竿 350 元，小竹竿 250 元，塑料薄膜 1 000 元，草苫 1 200 元，草苫拉绳 200 元。这样分项确定保险金额，能够进行分项目理赔，控制超额赔付，也能避开棚体材料在出险时涨价带来的理赔麻烦，限制被保险人出险后多报损失。

(四)赔偿处理

棚体损失的赔偿处理分为全部损失和部分损失。全部损失时，按照保险金额赔偿；部分损失时，根据棚体的损失程度和分项保险金额赔付。当出险时棚体的材料重置价格低于保险金额时，按重置价值赔付。当保险塑料大棚面积小于实际面积，且无法区分为保险面积部分时，则按保险面积与实际面积的比例计算赔偿金额。

【保险险种】

江苏省政策性农业保险蔬菜大棚保险条款

1　总则

本保险合同由保险条款、投保单、保险单、保险凭证以及批单组成。凡涉及本保险合同的约定,均应采用书面形式。

2　保险标的

符合下列条件的蔬菜大棚,可作为本保险合同的保险标的:

(1)蔬菜大棚符合建造技术要求,投保时能够正常使用;

(2)蔬菜大棚在当地洪水水位线以上的非蓄洪、行洪区;

(3)蔬菜大棚面积在5亩以上(含)。

投保人应将其所有或管理的,符合上述条件的蔬菜大棚全部投保,不得选择投保。

3　保险责任

在保险期间内,由于下列原因直接造成保险标的的损失,保险人按照本保险合同的约定负责赔偿:

(1)自然灾害引起的火灾、雷击;

(2)暴雨、洪水(政府行蓄洪除外)、暴风、台风、龙卷风;

(3)雹灾、暴雪;

(4)空中运行物体坠落。

4　责任免除

4.1　下列原因造成的损失、费用,保险人不负责赔偿:

(1)投保人及其家庭成员、被保险人及其家庭成员、投保人或被保险人雇用人员的故意行为、管理不善;

(2)行政行为或司法行为;

(3)战争、敌对行为、军事行动、恐怖行动、武装冲突、罢工、骚乱、暴动；

(4)修建违反设计和施工规范的不合格大棚。

4.2 下列损失、费用，保险人不负责赔偿：

(1)保险标的遭受保险事故引起的各种间接损失；

(2)发生保险责任范围内的损失后，被保险人自行毁掉或放弃保险标的的损失；

(3)按本保险合同载明的免赔率计算的免赔额；

(4)其他不属于本保险责任范围内的损失、费用。

5 保险金额与免赔率

5.1 保险金额根据投保时蔬菜大棚的造价(棚架和薄膜分项确定)，在蔬菜大棚造价的70%以内，由投保人、政府农林部门和保险人共同协商确定。

保险面积和每亩保险金额以保险单载明为准。

5.2 每次事故的绝对免赔率如下：

(1)钢架大棚(含棚架和薄膜)为10%；

(2)水泥大棚(含棚架和薄膜)为15%；

(3)竹木大棚(含棚架和薄膜)为20%。

6 保险期间

除另有约定外，本保险合同的保险期间为1年，以保险单载明的起讫时间为准。

7 保险费率与保险费

保险费按投保人与保险人约定的费率标准计收。承保多季的按季收取。

8 保险人义务

8.1 订立本保险合同时，采用保险人提供的格式条款的，保险人向投保人提供的投保单应当附格式条款，保险人应当向投保人说明本保险合同的内容。对保险合同中免除保险人责任的条款，保险人在订立合同时应当在投保单、保险单或者其他保险凭证上做出足以引起投保人注意的提示，并对该条款的内容以书面或者口头形式向投保人做出明确说明。未做提示或者明确说明的，该条款不产生效力。

8.2　本保险合同成立后，保险人应当及时向投保人签发保险单或其他保险凭证。

8.3　保险人按照保险合同的约定，认为被保险人提供的有关索赔的证明和资料不完整的，应当及时一次性通知投保人或被保险人补充提供。

8.4　保险人收到被保险人的赔偿请求后，应当及时做出是否属于保险责任的核定。

保险人应当将核定结果通知被保险人；对属于保险责任的，在与被保险人达成赔偿保险金的协议后10日内，履行赔偿保险金义务。保险合同对赔偿保险金的期限有约定的，保险人应当按照约定履行赔偿保险金的义务。

保险人依照前款约定做出核定后，对不属于保险责任的，应当自做出核定之日起3日内向被保险人发出拒绝赔偿保险金通知书，并说明理由。

9　投保人、被保险人义务

9.1　订立保险合同，保险人就保险标的或被保险人的有关情况提出询问的，投保人应当如实告知。

投保人故意或者因重大过失未履行前款规定的如实告知义务，足以影响保险人决定是否同意承保或者提高保险费率的，保险人有权解除本合同。

投保人故意不履行如实告知义务的，保险人对于合同解除前发生的保险事故，不承担赔偿责任，并不退还保险费。

投保人因重大过失未履行如实告知义务，对保险事故的发生有严重影响的，保险人对于合同解除前发生的保险事故，不承担赔偿责任，但应当退还保险费。

9.2　除另有约定外，投保人应在保险合同成立时交清保险费。

投保人未按照保险合同的约定及时足额交付保险费的，保险人可解除保险合同，保险合同自保险人解除保险合同的书面通知送达投保人时解除，保险人有权向投保人收取保险责任开始时至保险合同解除时期间的保险费。

保险人对于合同解除前发生的保险事故，按照保险事故发生时投保人已交保险费与本保险合同约定应交保险费的比例承担赔偿保险金的责任。

9.3　被保险人应当遵守政府、农业、公安、消防部门关于安全生产的规定，接受保险人有关保险标的安全防火的管理建议，切实做好防火工作，维护保险标的的安全。

保险人可以对被保险人遵守前款约定的情况进行检查，及时向投保人、被保险人提出消除不安全因素和隐患的书面建议，投保人、被保险人应该认真付诸实施。

投保人、被保险人未按照约定履行其对保险标的安全应尽责任的，保险人有权要求增加保险费或解除保险合同。

9.4　保险标的转让的，被保险人或者受让人应当及时通知保险人。

因保险标的转让导致危险程度显著增加的，保险人自收到前款规定的通知之日起 30 日内，可以增加保险费或者解除保险合同。

被保险人、受让人未履行本条规定的通知义务，因转让导致保险标的危险程度显著增加而发生保险事故的，保险人不承担赔偿责任。

9.5　在保险期间内，如保险标的的危险程度显著增加的，被保险人应及时通知保险人，保险人可以增加保险费或者解除保险合同。

被保险人未履行前款约定的通知义务，因保险标的危险程度显著增加而发生保险事故，保险人不承担赔偿责任。

9.6　知道保险事故发生后，被保险人应该：

(1)尽力采取必要、合理的措施，防止或减少损失，否则，对因此扩大的损失，保险人不承担赔偿责任；

(2)及时通知保险人，并书面说明事故发生的原因、经过和损失情况；因故意或重大过失未及时通知，致使保险事故的性质、原因、损失程度等难以确定的，保险人对无法确定的部分，不承担赔偿责任；但保险人通过其他途径已经及时知道或者应当及时知道保险事故发生的除外；

(3)保护事故现场，允许并且协助保险人进行事故调查。

9.7　被保险人请求赔偿时，应向保险人提供下列证明和资料：

(1)保险单正本；

(2)索赔申请书；

(3)损失清单；

(4)事故证明书；

(5)投保人、被保险人所能提供的与确认保险事故的性质、原因、损失程度等有关的证明和资料。

被保险人未履行前款约定的义务，导致保险人无法核实损失情况的，保险人对无法核实的部分不承担赔偿责任。

10　赔偿处理

10.1　保险事故发生时，被保险人对保险标的不具有保险利益的，不得向保险人请求赔偿保险金。

10.2　保险蔬菜大棚遭受损失后，如果有残余价值，应由双方协商处理。如折归被保险人的，由双方协商确定其价值，并在保险赔款中扣除。

10.3　保险蔬菜大棚发生保险责任范围内的损失，保险人按以下规定分别对棚架和薄膜计算赔偿：

(1)保险蔬菜大棚的保险金额等于或低于出险时的重置价值70%时，按保险金额计算赔偿：

赔款金额=[保险金额(元/亩)×(1-折旧率)×受损面积(亩)×损失程度-残值]×(1-绝对免赔率)

(2)保险蔬菜大棚的保险金额高于出险时的重置价值70%时，按出险时的重置价值70%计算赔偿：

赔款金额=[出险时的重置价值(元/亩)×70%×(1-折旧率)×受损面积(亩)×损失程度-残值]×(1-绝对免赔率)

折旧率=年折旧率×使用年限

蔬菜大棚折旧率参照表

保险大棚		年折旧率(%)
竹木大棚棚架		40
水泥大棚棚架		15
钢架大棚棚架		10
薄膜	长寿膜(含进口膜)	30
	普通膜	60

注：使用年限不足一年的，按月计算折旧；不足一月的，不计折旧.

10.4 发生保险事故保险人赔偿损失后，本保险合同的保险金额从损失发生之日起相应减少，并且不退还保险金额减少部分的保险费。如被保险人要求恢复保险金额，应按约定的保险费率加交恢复部分从被保险人要求之日起至保险期间终止之日止按日比例计算的保险费。

10.5 发生保险事故时，保险单载明的保险面积小于其可保面积时，可以区分保险面积与非保险面积的，保险人以保险单载明的保险面积为赔偿计算标准；无法区分保险面积与非保险面积的，保险人按保险单载明的保险面积与可保面积的比例计算赔偿。

保险单载明的保险面积大于其可保面积时，保险人以可保面积为赔偿计算标准。

本条所指可保面积指符合 2 中规定的保险标的实际面积。

10.6　如果保险标的遭受保险责任损失,同时又遭受非保险责任损失时,对非保险责任造成的损失,应从总损失中扣除。

10.7　保险事故发生时,如果存在重复保险,保险人按照本保险合同的相应保险金额与其他保险合同及本保险合同相应保险金额总和的比例承担赔偿责任。

其他保险人应承担的赔偿金额,本保险人不负责垫付。若被保险人未如实告知导致保险人多支付赔偿金的,保险人有权向被保险人追回多支付的部分。

10.8　未发生保险事故,被保险人谎称发生了保险事故,向保险人提出赔偿请求的,保险人有权解除保险合同,并不退还保险费。

投保人、被保险人故意制造保险事故的,保险人有权解除保险合同,不承担赔偿责任,不退还保险费。

保险事故发生后,投保人、被保险人以伪造、变造的有关证明、资料或者其他证据,编造虚假的事故原因或夸大损失程度的,保险人对其虚报的部分不承担赔偿责任。

10.9　发生保险责任范围内的损失,应由有关责任方负责赔偿的,保险人自向被保险人赔偿保险金之日起,在赔偿金额范围内代位行使被保险人对有关责任方请求赔偿的权利,被保险人应当向保险人提供必要的文件和所知道的有关情况。

被保险人已经从有关责任方取得赔偿的,保险人赔偿保险金时,可以相应扣减被保险人已从有关责任方取得的赔偿金额。

保险事故发生后,保险人未赔偿保险金之前,被保险人放弃对有关责任方请求赔偿权利的,保险人不承担赔偿责任;保险人向被保险人赔偿保险金后,被保险人未经保险人同意放弃对有关责任方请求赔偿权利的,该行为无效;由于被保险人故意或者因重大过失致使保险人不能行使代位请求赔偿的权利的,保险人可以扣减或者要求返还相应的保险金。

10.10　被保险人向保险人请求赔偿的诉讼时效期间为2年，自其知道或者应当知道保险事故发生之日起计算。

11　争议处理与法律适用

11.1　因履行本保险合同发生的争议，由当事人协商解决。协商不成的，提交保险单载明的仲裁机构仲裁；保险单未载明仲裁机构或者争议发生后未达成仲裁协议的，依法向人民法院起诉。

11.2　与本保险合同有关的以及履行本保险合同产生的一切争议，适用中华人民共和国法律(不包括港澳台地区法律)。

12　其他事项

12.1　保险人解除保险合同的，按日比例计收自保险责任开始之日起至损失发生之日止期间的保险费，并退还剩余部分保险费。

12.2　保险标的发生全部损失，属于保险责任的，保险人在履行赔偿义务后，本保险合同终止；不属于保险责任的，本保险合同终止，保险人按日比例计收自保险责任开始之日起至损失发生之日止期间的保险费，并退还剩余部分保险费。

13　释义

本保险合同涉及下列术语时，适用下列释义：

(1)自然灾害：人力不可抗拒的破坏力强大的自然现象；

(2)火灾：指在时间或空间上失去控制的燃烧所造成的灾害，它必须具备3个条件：一是有燃烧现象，即有热有光有火焰。二是偶然、意外发生的燃烧。三是燃烧失去控制并有蔓延扩大的趋势；

(3)雷击：指积雨云中、云间或云地之间产生的放电现象，其破坏形式分为直接雷击和感应雷击两种；

(4)暴雨：降雨量每小时在16毫米以上，或连续12小时降雨量达30毫米以上，或连续24小时降雨量达50毫米以上；

(5)洪水：指山洪暴发、江河泛滥、潮水上岸及倒灌；

(6)暴风：指8级以上大风，即风速在17.2米/秒以上的自然风；

(7)台风：指中心附近最大平均风力12级或以上，即风速在32.6米/秒以上的热带气旋；

(8)龙卷风：指一种范围小而持续时间短的猛烈旋风，陆地上最大风速在79～103米/秒，极端最大风速在100米/秒以上；

(9)雹灾：指在对流性天气控制下，积雨云中凝结生成的冰块从空中降落，造成作物严重的机械损伤而带来的损失；

(10)暴雪：指连续12小时的降雪量大于或等于10毫米的降雪现象；

(11)空中运行物体坠落：指空中飞行或运行物体的坠落。

江苏省政策性农业保险蔬菜大棚保险附加蔬菜(瓜果)种植保险条款

本保险为《江苏省政策性农业保险蔬菜大棚保险》(以下简称主险)的附加险，只有在投保了主险的基础上，方可投保本附加险。

1　保险标的

符合下列条件的保险大棚内蔬菜(瓜果)，可作为本保险合同的保险标的：

(1)由被保险人合法经营、种植和管理的蔬菜(瓜果)；

(2)符合种植技术规范要求，有一定种植规模且生长正常的蔬菜(瓜果)；

(3)已在当地种植两年以上的蔬菜(瓜果)品种。

投保人应将符合条件的蔬菜(瓜果)全部投保，不得选择投保。

2　保险责任

在保险期间内，保险大棚遭受主险保险责任范围内的灾害事故造成损毁时，如果单个受灾保险大棚内种植的蔬菜(瓜果)造成60米^{2}以上(含)损失的，保险人按照本条款合同约定负责赔偿。

3　责任免除

除主险条款所列责任免除事项外，对于下列损失，保险人也不负责赔偿：

(1)被保险人不遵从蔬菜(瓜果)生产管理部门的规定和指导、违反现代化园艺操作规程、管理不善或栽培技术失误造成蔬菜(瓜果)的损失；

(2)农作物生物灾害及药害造成蔬菜(瓜果)的损失；

(3)因种子质量造成蔬菜(瓜果)的减产或损失；

(4)被盗、他人的故意行为；

(5)保险大棚因主险责任范围外的原因损毁或倒塌造成蔬菜(瓜果)的损失。

4　保险金额

保险金额为每亩保险金额与保险合同载明的保险大棚内种植的蔬菜(瓜果)面积的乘积。每亩保险金额按保险大棚内主要种植的蔬菜(瓜果)种类每亩物化成本的70%确定，最高不超过3 000元。

保险面积和每亩保险金额以保险单载明为准。

5　免赔率

每次事故的绝对免赔率为10%。

6　保险费率与保险费

保险费按投保人与保险人约定的费率标准，参照主险计算方式收取。

7　赔偿处理

在保险期间内，保险大棚内的蔬菜(瓜果)发生保险责任范围内的损失，保险人按以下方式计算确定赔偿金额：

赔偿金额 ＝ 每亩保险金额(元/亩)×受损面积(亩)×损失程度(%)×不同生长期赔偿比例(%)×(1－免赔率)

损失程度＝平均单位面积损失数量(或损失产量)/平均单位面积种植数量(或正常产量)

不同生长期赔偿比例对照表

生长期	赔偿比例(%)
苗床期	20
定植期	30
始花期	50
始收期	80
盛产期	100
收获期	以100%为标准每采收1%减少1个百分点

8　其他事项

本附加险条款与主险条款内容相悖之处，以本附加险条款为准；未尽之处以主险条款为准。

江苏省政策性农业保险蔬菜大棚保险及附加蔬菜(瓜果)种植保险费率表

1. 大棚保险费率

年费率表

保险标的		年费率
竹木大棚棚架		5%
水泥大棚棚架		4%
钢架大棚棚架		3%
薄膜	长寿膜(含进口膜)	12%
	普通膜	18%

注：冬暖大棚棚架费率按照水泥大棚棚架费率执行.

短期费率表

保险期间	一个月	二个月	三个月	四个月	五个月	六个月	七个月	八个月	九个月	十个月	十一个月	十二个月
年费率的百分比	10	20	30	40	50	60	70	80	85	90	95	100

注:不足一个月的部分按一个月计收.

2. 蔬菜大棚保险附加蔬菜(瓜果)种植保险费率

蔬菜大棚保险附加蔬菜(瓜果)种植保险费率年费率为6%。

短期费率表

保险期间	一个月	二个月	三个月	四个月	五个月	六个月	七个月	八个月	九个月	十个月	十一个月	十二个月
年费率的百分比	10	20	30	40	50	60	70	80	85	90	95	100

注:不足一个月的部分按一个月计收.

3. 保险费计算公式

保险费=每亩保险金额×年费率×投保面积(亩)

总保险费 = 棚架保险费+薄膜保险费+棚内蔬菜保险费

第四节　农房保险

【案例导读】[①]

作为广西壮族自治区政府为民办实事重点项目的农村住房政策性保险,在今年发挥了重大作用。广西壮族自治区民政厅最新统计,截至今年8月底广西各级农房政策性保险已确定保险赔付

① 黄艳琴,《广西农房保险确定保险赔付金额逾2 600万元》,2011年9月23日,来源:新华网广西频道.

的金额超过 2 600 万元。

今年 2 月 25 日，自治区民政厅与广西人保财险公司签订了广西农村住房政策性保险协议，政府出资 1 亿元为全广西 1 051 万农户购买统一的农房保险，提供总的保险额度超过 1 000 亿元。尽管今年自然灾害总体危害程度较轻，但农房保险所发挥的作用已得到了初步显现。

据自治区民政厅统计，截至 2011 年 8 月底，全广西农房政策性保险报案 3 257 起，涉及房屋倒损农户 7 634 户 11 952 间；广西各级农房政策性保险已确定保险赔付金额 2 638.1 万元，其中已赔付金额 2 543.46 万元。

一、农房保险的概念

农房保险是农户所有且坐落于户口所在乡村并长期居住的房屋为保险标的，保险人在被保险人支付约定的保险费后，对保险标的的因遭受保险责任范围内的自然灾害、意外事故所造成的损失，对被保险人进行赔偿的一种保险业务。

二、农房保险的内容

(一)保险标的

农房保险的保险标的为农户所有且坐落于户口所在乡村并长期居住的房屋，包括卧室、正厅、饭厅、厨房。

(二)保险责任

在保险期间内，因自然灾害包括暴雨、洪水、泥石流、山体滑坡、台风、暴风、龙卷风、雷击、冰雹、雪灾、崖崩等引起的地陷或下沉；或者火灾、爆炸、空中运行物体的坠落等造成的农房的损失。

(三)保险期限

农房保险的保险期限，除另有规定外，一般为 1 年，以合同中载明起讫时间为准。

【保险险种】

某某财产保险股份有限公司
农户房屋保险条款

1　总则

农户房屋保险合同(以下简称本保险合同)由保险单和其他保险凭证及所附条款、投保单、与本保险合同有关的投保文件、声明、特别约定、批注、附贴批单及其他书面协议构成。

凡涉及本保险合同的约定,均应采用书面形式。

2. 保险标的

2.1　农户所有且坐落于户口所在乡村并有人长期居住的房屋,包括卧室、正厅、饭厅、厨房。但一户主有多座房屋的,仅承担户主居住的房屋的赔偿责任(以户口簿列明的户主为准)。

2.2　下列家庭财产不在保险标的范围以内:

(1)厕所、粪寮、禽畜间、柴草间、杂物间、牛栏、猪舍、简易搭盖、单独的店面、作坊、无人居住和正在建造的房屋;

(2)装潢、室内财产;

(3)各种农机具、交通工具、通讯工具、养殖及种植物;

(4)用于从事工商业生产、经营活动的财产和出租用作工商业的房屋;

(5)政府有关部门征用、占用的房屋,违章建筑、危险建筑、非法占用的财产、处于危险状态下的财产;

(6)属于被保险人代他人保管或者与他人共有而由被保险人负责的本条款 2.2 载明的财产;

(7)其他不属于本条款 2.2 所列明的家庭财产。

3　保险责任

3.1　在保险期间内,因下列原因造成保险标的的损失,保险人按照本保险合同约定负责赔偿:

(1)自然灾害：暴雨、洪水、泥石流、山体滑坡；台风、暴风、龙卷风；雷击、冰雹、雪灾、崖崩；自然灾害引起的地陷或下沉。

(2)意外事故：火灾、爆炸；空中运行物体坠落；外来不属于被保险人所有或使用的建筑物和其他固定物体倒塌等造成的农房损失。

3.2　保险事故发生后，被保险人为防止或减少保险财产损失所支付的必要的合理的费用，保险人也负责赔偿。但此项费用的赔偿金额最高以保险金额为限。

4　责任免除

由于下列原因造成保险财产的损失，保险人不负赔偿责任：

(1)战争、军事行动、暴动、罢工、没收、征用、行政执法；

(2)核反应、核辐射或放射性污染；

(3)地震及其次生灾害、海啸及其次生灾害造成的损失；

(4)被保险人或其家庭成员、寄居人、雇用人员的故意行为、重大过失或违法行为；

(5)保险标的遭受保险事故引起的各种间接损失；

(6)未按要求施工导致建筑物地基下陷下沉，建筑物出现裂缝、倒塌的损失；矿山区未经政府批准开采矿产导致的农房出现裂缝、倒塌的损失；

(7)其他不属于保险责任范围的损失和费用。

5　保险金额

保险金额是保险人承担给付保险金责任的最高限额。保险金额由保险合同双方约定。

6　保险期间

除另有约定外，保险期间为 1 年，以本保险合同中载明的起讫时间为准。

7　保险人义务

7.1　订立保险合同时，采用保险人提供的格式条款的，保险人向投保人提供的投保单应当附格式条款，保险人应当向投保人说明保险合同的内容。对保险合同中免除保险人责任的条款，保险人在订立合同时应当在投保单、保险单或者其他保险凭证上做出足以引起投保人注意的提示，并对该条款的内容以书面或者口头形式向投保人做出明确说明；未做提示或者明确说明的，该条款不产生效力。

7.2　本保险合同成立后，保险人应当及时向投保人签发保险单或其他保险凭证。

7.3　保险人按照 8.4 的约定，认为被保险人提供的有关索赔的证明和资料不完整的，应当及时一次性通知投保人、被保险人补充提供。

7.4　保险人收到被保险人赔偿保险金的请求和有关证明、资料后，应当及时做出是否属于保险责任的核定；情形复杂的，保险人应当在 30 日内做出核定，因客观原因导致保险人未能在 30 日内做出核定的，应与被保险人商定合理期间，并在商定期间内做出核定。

保险人应当将核定结果通知被保险人。对属于保险责任的，在与被保险人达成赔偿保险金的协议后 10 日内，履行赔偿保险金义务。保险合同对赔偿保险金的期限有约定的，保险人应当按照约定履行赔偿保险金的义务。保险人依照前款的规定做出核定后，对不属于保险责任的，应当自做出核定之日起 3 日内向被保险人发出拒绝赔偿保险金通知书，并说明理由。

7.5　保险人自收到赔偿保险金的请求和有关证明、资料之日起 60 日内，对其赔偿保险金的数额不能确定的，应当根据已有证明和资料可以确定的数额先予支付；保险人最终确定赔偿的数额后，应当支付相应的差额。

7.6　保险人对在办理保险业务中知道的投保人、被保险人的商业秘密及个人隐私，负有保密的义务。

8 投保人、被保险人义务

8.1 投保人应履行如实告知义务,如实回答保险人就有关情况提出的询问,并如实填写投保单。

投保人故意隐瞒事实,不履行如实告知义务的,或者因过失未履行如实告知义务,足以影响保险人决定是否同意承保或者提高保险费率的,保险人有权解除保险合同。

投保人故意不履行如实告知义务的,保险人对于保险合同解除前发生的保险事故,不承担赔偿责任,并不退还保险费。

投保人因过失未履行如实告知义务,对保险事故发生有严重影响的,保险人对于保险合同解除前发生的保险事故,不承担赔偿责任,但应当退还保险费。

8.2 投保人应按照本合同的约定交付保险费。本合同约定一次性交付保险费或对保险费交付方式、交付时间没有约定的,投保人应在保险责任起始日前一次性交付保险费。投保人未按本款约定交付保险费的,保险人不承担保险责任。

约定以分期付款方式交付保险费的,投保人应按期足额交付各期保险费。投保人未按本款约定交付保险费的,从违约之日起,保险人有权解除本合同并追收已经承担保险责任期间的保险费和利息,本合同自解除通知送达投保人时解除;在本合同解除前发生保险事故的,保险人按照保险事故发生前保险人实际收取的保险费总额与保险事故发生时投保人应当交付保险费的比例承担保险责任。

8.3 发生本保险责任范围内的事故,被保险人应该:

(1)保险事故发生时,被保险人应尽力采取必要的措施,防止或者减少损失。否则,对于因为被保险人原因造成的损失扩大部分,保险人不承担赔偿责任;

(2)投保人、被保险人知道保险事故发生后,应当及时通知保险人。

因通知迟延致使保险事故的性质、原因、损失程度等难以确定的，保险人对无法确定的部分不承担保险责任。

因通知迟延致使保险人增加的勘查、检验等项费用，由投保人、被保险人承担，但因不可抗力导致的迟延除外；

(3)保护事故现场，允许并且协助保险人进行事故调查；对于拒绝或者妨碍保险人进行事故调查导致无法确定事故原因或核实损失情况的，保险人对无法确定或核实的部分不承担赔偿责任。

8.4 保险事故发生后，投保人、被保险人依照本保险合同请求保险人赔偿时，应提交保险单、索赔申请、财产损失清单、有关部门的损失证明及其所能提供的与确认事故原因、性质、损失程度等有关的各种资料和费用单据。

当投保人、被保险人所提供的有关证明和资料不足以证明保险事故的性质、原因、损失程度时，保险人对无法确定的部分，不承担赔偿责任。

8.5 保险财产发生保险责任范围内的损失，依法应当由第三方负责赔偿的，被保险人应当向第三方索赔。如果第三方不予支付，被保险人可向保险人提起赔偿请求，保险人根据保险合同予以先行赔偿。保险人自向被保险人赔偿保险金之日起，在赔偿金额范围内代位行使被保险人对第三方请求赔偿的权利，但被保险人应当向保险人提供必要的文件和其所知道的有关情况。

因被保险人放弃对第三方的请求赔偿权利致使保险人不能行使代位求偿权的，保险人不承担赔偿责任；因被保险人过错致使保险人不能行使代位求偿权的，保险人相应扣减保险赔偿金。

依法应由第三方赔偿损失的，对被保险人已经从第三方取得的赔偿金，保险人将在赔偿时扣除。

9 赔偿处理

9.1 保险财产遭受保险责任范围内的损失时，且损失程度达到“半倒”(详见释义)以上或火灾损失程度达到30%以上的，保险人在保险金额范围内按照实际损失进行赔偿，但最高不超过保单列明的保险金额。

9.1.1　受灾农房发生全倒损失时，保险人按照每户保险金额进行赔偿。

9.1.2　受灾农房发生半倒损失时，统一按倒塌的间数计算赔款。每间根据损失程度进行赔偿，但总计赔偿金额不超过保险金额。

9.1.3　农房遭受火灾，保险人按照以下公式计算赔款：

赔偿金额＝保险金额×损失程度

9.1.4　由于遭受冰雹、台风、暴风、龙卷风使得屋面瓦片损失时，每间房屋最高赔偿金额为100元；累计赔偿不超过500元。

9.1.5　因自然灾害致使房屋地基下陷、下沉、裂缝原因需要搬迁，每户按照保险金额的50%给予赔偿。

9.1.6　保险金额等于或高于保险价值时，按实际损失计算赔偿金额；保险金额低于保险价值时，根据实际损失或恢复原状所需修复费用乘以保险金额与保险价值的比例计算赔偿金额。

9.1.7　在一个保险期间内，无论保险房屋发生一次或多次保险事故，但累计赔偿金额以保险金额为限。

9.2　保险标的在保险期间内遭受部分损失经保险人赔偿后，保险金额相应减少，其有效保险金额应当是原分项保险金额减去分项保险标的的损失赔偿金额后的余额。如被保险人需恢复保险金额时，应补交相应的保险费，由保险人出具批单批注。

9.3　若保险单所保财产存在重复保险，保险人按照本合同保险金额与保险金额总和的比例承担赔偿责任。重复保险的保险金额总和超过保险价值的，各保险人的赔偿金额总和不超过保险价值。对其他保险人应当承担的赔偿责任，本保险人不负责垫付。

9.4　被保险人对保险人请求赔偿的权利，自其知道保险事故发生之日起2年不行使而消灭。

10　争议处理

10.1　因履行本保险合同发生的争议，由当事人协商解决；协商不成的，提交保险单载明的仲裁机构；保险单未载明仲裁机构或者争议发生后未达成仲裁协议的，依法向人民法院提起诉讼。

10.2　本保险合同的争议处理适用于中华人民共和国法律。

11　其他事项

保险责任开始前，投保人要求解除保险合同的，应当向保险人按保险费的5%支付退保手续费，保险人应当退还剩余部分保险费；保险责任开始后，投保人要求解除保险合同的，自通知保险人之日起，本保险合同解除，保险人按短期月费率收取自保险责任开始之日起至合同解除之日止期间的保险费，并退还剩余部分保险费。

12　释义

本条款涉及的术语适用下列释义：

(1)火灾：指在时间或空间上失去控制的燃烧所造成的灾害。它必须具备3个条件：有燃烧现象，即有热有光有火焰。偶然、意外发生的燃烧。燃烧失去控制并有蔓延扩大的趋势；

(2)爆炸：包括物理性爆炸和化学性爆炸。物理性爆炸指由于液体、固体变为蒸气或其他膨胀，压力急剧增加并超过容器所能承受的极限压力而发生的爆炸。化学性爆炸指物体在瞬间分解或燃烧时放出大量的热和气体，并以很大的压力向四周扩散的现象；

(3)雷电：指积雨云中、云间或云地之间产生的放电现象。其破坏形式分为直接雷击和感应雷击两种；

(4)暴雨：指每小时降雨量达16毫米以上，或连续12小时降雨量达30毫米以上，或连续24小时降雨量达50毫米以上的降雨；

(5)洪水：指山洪暴发、江河泛滥、潮水上岸及倒灌；

(6)龙卷风：指一种范围小而时间短的猛烈旋风，陆地上平均最大风速在79～103米/秒，极端最大风速在100米/秒以上；

(7)冰雹：从强烈对流的积雨云中降落到地面的冰块或冰球，

是直径大于5毫米，核心坚硬的固体降水；

(8)崖崩：石崖、土崖、岩石受自然风化、雨蚀造成崩溃下榻；

(9)台风：指中心附近最大平均风力12级或以上，即风速在32.6米/秒以上的热带气旋；

(10)山体滑坡：山体上不稳的岩土体在重力作用下突然整体向下滑动的现象；

(11)泥石流：由于雨水、冰雪融化等水源激发的、含有大量泥沙石块的特殊洪流；

(12)空中运行物体坠落：指空中飞行器、人造卫星、陨石坠落，吊车、行车在运行时发生的物体坠落，人工开凿或爆炸而致石方、石块、土方飞射塌下，建筑物倒塌、倒落、倾倒，以及其他空中运行物体坠落；

(13)重大过失：指行为人不但没有遵守法律规范对其较高要求，甚至连人们都应当注意并能注意的一般标准也未达到的行为；

(14)行政行为、司法行为：指各级政府部门、执法机关或依法履行公共管理、社会管理职能的机构下令破坏、征用、罚没保险标的的行为；

(15)半倒包括5种情况：一面墙壁1/3面积(含)以上倒塌，另一面1/3面积(含)以上倒塌；1/3(含)以上屋顶坍塌；1/3(含)以上楼板坍塌；一面墙壁1/3面积(含)以上，同时1/4(含)以上屋顶坍塌；因洪水长期浸泡造成墙体严重损毁，需要大规模修复的；

(16)全倒包括8种情况：一面墙壁1/2面积(含)以上倒塌，另一面1/2面积(含)以上倒塌；1/2(含)以上屋顶坍塌；1/2(含)以上楼板坍塌；一面墙壁1/2面积(含)以上，同时1/4(含)以上屋顶坍塌；一面墙壁1/3(含)以上倒塌，同时1/3以上(含)屋顶坍塌；房屋主体结构濒于崩溃、倒毁；因洪水长期浸泡造成墙体较严重损毁，难以修复的；同时符合两项以上两个倒塌标准的。

短期费率表

保险期间	年费率的百分比
一个月	
二个月	10
三个月	20
四个月	30
五个月	40
六个月	50
七个月	60
八个月	80
九个月	85
十个月	90
十一个月	95
十二个月	100

注:不足一个月的部分按一个月计收.

农户房屋保险附加险条款
附加灾后基本救助补贴保险

1　总则

本附加险合同为农户房屋保险合同(以下简称主险合同)的附加合同。本附加险合同与主险合同相悖之处,以本附加险合同为准;未尽事宜,以主险合同为准。

2　保险责任

在保险期间内,被保险农户的保险房屋因发生主险的保险事故发生全损需要搬迁的,保险人按照约定的保险金额进行一次性赔偿。

3　责任免除

保险房屋发生部分损失的,保险人不承担赔偿责任。

4　保险金额

保险金额为每户 1 000 元。

第五节　森林保险

【案例导读】[①]

从云南省林业厅获悉，云南省森林火灾保险试点 11 月 7 日启动，云南 15 个州、市的 3.26 亿亩森林、占 95%的林业农户纳入试点范围。

据国家林业局网站透露，云南省日前完成首例政策性森林火灾保险理赔。保险公司将 23 580 元保险赔偿金支付至官渡区林业局专用账户，专项用于受害公益林林木的抚育和补植补造。

今年 2 月 24 日，昆明市官渡区方旺林场发生森林火灾，并于当日扑灭。接到被保险人官渡区防火办的报案后，保险公司立即派出定损人员赶赴现场进行查勘，认定受害林木为公益林，过火面积 117.9 亩，损失率为 50%。按照 400 元/亩的保险金额计算，保险公司赔付金额为 23 580 元。官渡区防火办对保险公司出具的出险通知书、损失清单、现场查勘记录、森林火灾证明等材料进行了签字确认。

3 月 9 日，按照《云南省政策性森林火灾保险试点方案》规定，保险公司将保险赔偿金支付至官渡区林业局专用账户。

针对近年来雨雪冰冻、特大干旱、森林火灾等自然灾害频发对林业生产造成的影响，为有效保护集体林权制度改革后林农的林地资源，2010 年 11 月，云南省林业厅与某保险经纪有限公司、某财产保险股份有限公司云南省分公司共同签订了《云南省政策性森林火灾保险试点项目保险服务协议》，在昆明市、曲靖市、玉溪

① 《云南森林火灾保险理赔》，2011 年 11 月 15 日，慧择网．

市、普洱市和大理白族自治州启动了森林火灾保险试点，受保面积达12 777.07万亩。

云南省是我国四大林区之一，为了分散化解林业经营风险，调动林农等林业经营者发展林业的积极性，云南省积极探索开展森林火灾保险新路子，2010年在昆明等5州、市探索建立森林火灾保险制度。今年，云南省将森林火灾保险试点扩大到全省16个州、市中的15个，投保林地面积增加到3.26亿亩，占全省林地面积的88%；投保户占林农总户数的95%。所以森林火灾保险一定要做好。

一、林木保险的概念

林木保险是以具有经济价值的天然原始林和各类人工造林为标的，对它们在生长过程中，因约定的、人力不可抗拒的自然灾害和意外事故造成的经济损失，保险人按照保险合同规定向被保险人提供经济补偿的一项保险业务。林木保险以森林保险为主要内容。

二、森林保险的内容

（一）保险标的

凡是生长着的各种森林，砍伐后尚未集中存放的原木以及竹林等均可作为森林保险的保险标的。

（二）保险责任

森林生长过程中可能遇到的自然灾害和意外事故，只要可以计算直接经济损失的，都可能成为森林保险承担的保险责任。

森林生长过程中可能遇到的自然灾害有火灾、病虫害、风灾、雪冻、洪水等。由于诸种原因所限，我国目前开办的森林保险，主要以火灾为承保责任，今后将会逐步扩大保险责任范围。

（三）保险金额的确定

在确定森林保险金额时，主要考虑三个因素：一是保险标的的价值；二是投保人的保费负担能力；三是保险人的承保能力。目前，我国森林保险金额的确定主要采取三种方式。

1. 按蓄积量确定保险金额　蓄积量是指一定的单位面积森林中现有林木的材积总量。

林木的蓄积量＝单位面积上立木蓄积量×总面积

保险金额＝木材价格×总蓄积量

2. 按成本确定保险金额　包括按实际成本价和计息成本价这两种确定保险金额的方式。这种确定保险金额的标准，虽然保障程度较低，但目前保险金额大都按成本价保。

3. 按造林费确定保险金额　即根据不同林种在造林的头三年所投入的基本费用确定保险金额。林木的再植成本包括挖树根、清池、挖坑、移栽、树苗、施肥到树木成活所需的一次性总费用。因不同地区的再植成本不同，应分别确定，一般每亩在30～80元，湖南一般在50元左右。目前，在我国开展林木保险的都以林木再植成本作为保险金额。

(四)保险方式

我国开办的林木保险的保险方式主要有以下三种：国有保险、自保或共保、农村互助保险。

【保险险种】

某某保险公司政策性森林综合保险条款

1　总则

本保险合同由保险条款、投保单、保险单、保险凭证以及批单组成。凡涉及本保险合同的约定，均应采用书面形式。

2　保险标的

2.1　凡生长和管理正常的商品林、公益林(不含花卉、苗木)，均可作为本保险合同的保险标的(以下简称保险林木)。

投保人应将其所有或管理的、符合上述条件的林木全部投保，不得选择投保。

2.2　下列树木不属于本保险合同的保险标的：

(1)花卉、苗木；

(2)橡胶树。

3　保险责任

在保险期间内，由于下列原因直接造成保险林木流失、被掩埋、主干折断、倒伏或者死亡，保险人按照本保险合同的约定负责赔偿：

(1)火灾；

(2)暴雨、暴风、台风；

(3)洪水、泥石流；

(4)冰雹；

(5)霜冻、暴雪、雨凇。

4　责任免除

4.1　下列原因造成的损失、费用，保险人不负责赔偿：

(1)投保人及其家庭成员、被保险人及其家庭成员、投保人或被保险人雇用人员的故意行为、管理不善；

(2)行政行为或司法行为；

(3)战争、敌对行动、军事行动、武装冲突、罢工、骚乱、暴动、恐怖活动。

4.2　下列损失、费用，保险人不负责赔偿：

(1)当地洪水水位线以下的林木由于暴雨、洪水造成的损失；

(2)四旁树的损失；

(3)按照本保险合同中载明的免赔率计算的免赔额；

(4)其他不属于本保险责任范围内的损失、费用。

5　保险金额与免赔率

5.1　保险林木的每亩保险金额参照保险林木损失后的再植

成本(包括挖树根、清池、挖坑、移栽、树苗、施肥到树木成活所需的一次性总费用),由投保人与保险人协商确定,并在保险单中载明。

保险金额＝每亩保险金额×保险面积

保险面积以保险单载明为准。

5.2　每次事故的免赔率由投保人与保险人在订立保险合同时协商确定,并在保险单中载明。

6　保险期间

除另有约定外,本保险合同的保险期间为1年,以保险单载明的起讫时间为准。

7　保险人义务

7.1　订立本保险合同时,采用保险人提供的格式条款的,保险人向投保人提供的投保单应当附格式条款,保险人应当向投保人说明本保险合同的内容。对保险合同中免除保险人责任的条款,保险人在订立合同时应当在投保单、保险单或者其他保险凭证上做出足以引起投保人注意的提示,并对该条款的内容以书面或者口头形式向投保人做出明确说明。未做提示或者明确说明的,该条款不产生效力。

7.2　本保险合同成立后,保险人应当及时向投保人签发保险单或其他保险凭证。

7.3　保险人按照保险合同的约定,认为被保险人提供的有关索赔的证明和资料不完整的,应当及时一次性通知投保人或被保险人补充提供。

7.4　保险人收到被保险人的赔偿请求后,应当及时做出是否属于保险责任的核定。

保险人应当将核定结果通知被保险人。对属于保险责任的,在与被保险人达成赔偿保险金的协议后10日内,履行赔偿保险金义务。保险合同对赔偿保险金的期限有约定的,保险人应当按照约定履行赔偿保险金的义务。

保险人依照前款约定做出核定后，对不属于保险责任的，应当自做出核定之日起3日内向被保险人发出拒绝赔偿保险金通知书，并说明理由。

8 投保人、被保险人义务

8.1 订立保险合同，保险人就保险林木或者被保险人的有关情况提出询问的，投保人应当如实告知。

同时，投保人须如实提供保险林木基本情况和生产技术管理的资料，包括林场提供的投保林木的林相图，所在地一定比例的地形图(或平面图)，并在图上标出主要树种、树龄、郁闭度、林相图、森林资源档案、四至和明显地物标。

投保人故意或者因重大过失未履行前款规定的如实告知义务，足以影响保险人决定是否同意承保或者提高保险费率的，保险人有权解除合同。

投保人故意不履行如实告知义务的，保险人对于合同解除前发生的保险事故，不承担赔偿责任，并不退还保险费。

投保人因重大过失未履行如实告知义务，对保险事故的发生有严重影响的，保险人对于合同解除前发生的保险事故，不承担赔偿责任，但应当退还保险费。

8.2 除另有约定外，投保人应在保险合同成立时交清保险费。保险费交清前发生的保险事故，保险人不承担赔偿责任。

8.3 被保险人应当遵守国家以及地方有关林业管理的规定，搞好林业管理，建立、健全和执行林业管理的各项规章制度，接受林业部门和保险人的防灾检查及合理建议，切实做好安全防灾防损工作，维护保险林木的安全。

保险人可以对被保险人遵守前款约定的情况进行检查，及时向投保人、被保险人提出消除不安全因素和隐患的书面建议，投保人、被保险人应该认真付诸实施。

投保人、被保险人未按照约定履行其对保险林木安全应尽责任的，保险人有权要求增加保险费或解除保险合同。

8.4 保险林木转让的，被保险人或者受让人应当及时通知保险人。

因保险林木转让导致危险程度显著增加的，保险人自收到前款规定的通知之日起30日内，可以增加保险费或者解除合同。

被保险人、受让人未履行本条规定的通知义务，因转让导致保险林木危险程度显著增加而发生保险事故的，保险人不承担赔偿责任。

8.5 在保险期间内，保险林木的危险程度显著增加的，被保险人应及时通知保险人，保险人可以增加保险费或者解除保险合同。

被保险人未履行前款约定的通知义务，因保险林木危险程度显著增加而导致保险事故发生的，保险人不承担赔偿保险金的责任。

8.6 知道保险事故发生后，被保险人应该：

(1)尽力采取必要、合理的措施，防止或减少损失，否则，对因此扩大的损失，保险人不承担赔偿责任；

(2)及时通知保险人，并书面说明事故发生的原因、经过和损失情况；因故意或重大过失未及时通知，致使保险事故的性质、原因、损失程度等难以确定的，保险人对无法确定的部分，不承担赔偿责任；但保险人通过其他途径已经及时知道或者应当及时知道保险事故发生的除外；

(3)保护事故现场，允许并且协助保险人进行事故调查。

8.7 被保险人向保险人请求赔偿时，应向保险人提供下列证明和资料：

(1)保险单正本；

(2)损失清单；

(3)灾害发生时间、地点的书面情况；

(4)投保人、被保险人所能提供的与确认保险事故的性质、原因、损失程度等有关的证明和资料。

被保险人未履行前款约定的义务,导致保险人无法核实损失情况的,保险人对无法核实的部分不承担赔偿责任。

9　赔偿处理

9.1　保险事故发生时,被保险人对保险林木不具有保险利益的,不得向保险人请求赔偿保险金。

9.2　保险林木遭受损失后,如果有残余价值,应由双方协商处理。如折归被保险人的,由双方协商确定其价值,并在保险赔款中扣除。

9.3　保险林木发生保险责任范围内的损失,保险人按以下方式计算赔偿:

赔偿金额=每亩保险金额×损失程度×受损面积×(1－免赔率)

损失程度=平均单位面积损失株数/平均密度

9.4　发生保险事故时,保险单载明的保险面积小于其可保面积时,可以区分保险面积与非保险面积的,保险人以保险单载明的保险面积为赔偿计算标准;无法区分保险面积与非保险面积的,保险人按保险单载明的保险面积与可保面积的比例计算赔偿。

保险单载明的保险面积大于其可保面积时,保险人以可保面积为赔偿计算标准。

本条所指可保面积指符合2中规定的保险林木实际种植面积。

9.5　发生保险事故时,若保险林木每亩保险金额低于或等于出险时的实际价值,则以每亩保险金额为赔偿计算标准;若保险林木每亩保险金额高于出险时的实际价值,则以出险时的实际价值为赔偿计算标准。

9.6　保险林木发生保险责任范围内的事故后,一时难以确定是否死亡的，可设立观察期，以观察期后的定损结论为依据计算赔偿。

9.7　保险事故发生时，如果存在重复保险，保险人按照本保险合同的相应保险金额与其他保险合同及本保险合同相应保险金额总和的比例承担赔偿责任。

其他保险人应承担的赔偿金额，本保险人不负责垫付。若被保险人未如实告知导致保险人多支付赔偿金的，保险人有权向被保险人追回多支付的部分。

9.8　保险林木发生部分损失，保险人履行赔偿义务后，本保险合同的保险金额、保险面积自损失发生之日起相应减少，保险人不退还保险金额减少部分的保险费。

9.9　未发生保险事故，被保险人谎称发生了保险事故，向保险人提出赔偿请求的，保险人有权解除保险合同，并不退还保险费。

投保人、被保险人故意制造保险事故的，保险人有权解除保险合同，不承担赔偿责任，不退还保险费。

保险事故发生后，投保人、被保险人以伪造、变造的有关证明、资料或者其他证据，编造虚假的事故原因或夸大损失程度的，保险人对其虚报的部分不承担赔偿责任。

9.10　发生保险责任范围内的损失，应由有关责任方负责赔偿的，保险人自向被保险人赔偿保险金之日起，在赔偿金额范围内代位行使被保险人对有关责任方请求赔偿的权利，被保险人应当向保险人提供必要的文件和所知道的有关情况。

被保险人已经从有关责任方取得赔偿的，保险人赔偿保险金时，可以相应扣减被保险人已从有关责任方取得的赔偿金额。

保险事故发生后，保险人未赔偿保险金之前，被保险人放弃对有关责任方请求赔偿权利的，保险人不承担赔偿责任；保险人向被保险人赔偿保险金后，被保险人未经保险人同意放弃对有关责任方请求赔偿权利的，该行为无效；由于被保险人故意或者因重大过失致使保险人不能行使代位请求赔偿的权利的，保险人可以扣减或者要求返还相应的保险金。

9.11 被保险人向保险人请求赔偿的诉讼时效期间为2年，自其知道或者应当知道保险事故发生之日起计算。

10 争议处理

10.1 因履行本保险合同发生的争议，由当事人协商解决。协商不成的，提交保险单载明的仲裁机构仲裁；保险单未载明仲裁机构或者争议发生后未达成仲裁协议的，依法向人民法院起诉。

10.2 与本保险合同有关的以及履行本保险合同产生的一切争议，适用中华人民共和国法律（不包括港澳台地区法律）。

11 其他事项

11.1 因保险林木转让导致危险程度显著增加的，保险人自收到第8.4规定的通知之日起30日内，可以按照保险合同约定增加保险费或者解除保险合同。保险人解除保险合同的，按短期费率计收自保险责任开始之日起至合同解除之日止期间的保险费，并退还剩余部分保险费。

11.2 保险林木发生全部损失，属于保险责任的，保险人在履行赔偿义务后，本保险合同终止；不属于保险责任的，本保险合同终止，保险人按短期费率计收自保险责任开始之日起至损失发生之日止期间的保险费，并退还剩余部分保险费。

12 释义

本保险合同涉及下列术语时，适用下列释义：

(1)火灾：指在时间或空间上失去控制的燃烧所造成的灾害。它必须具备3个条件：一是有燃烧现象，即有热有光有火焰。二是偶然、意外发生的燃烧。三是燃烧失去控制并有蔓延扩大的趋势；

(2)暴雨：指每小时降雨量达16毫米以上，或连续12小时降雨量达30毫米以上，或连续24小时降雨量达50毫米以上的降雨；

(3)暴风：指风力达8级，风速在17.2米/秒以上的自然风；

(4)台风：指中心附近最大平均风力12级或以上，即风速在32.6米/秒以上的热带气旋；

(5)洪水：指山洪暴发、江河泛滥、潮水上岸及倒灌或暴雨积水。规律性涨潮、海水倒灌、自动灭火设施漏水以及常年水位线以下或地下渗水、水管爆裂不属于洪水灾害；

(6)泥石流：指由于雨水、冰雪融化等水源激发的、含有大量泥沙石块的特殊洪流；

(7)冰雹：指从强烈对流的积雨云中降落到地面的冰块或冰球，是直径大于5毫米、核心坚硬的固体降水；

(8)霜冻：指因遇到0℃以下或长期持续在0℃以下的温度，引起林木冰冻或是丧失一切生理活力，导致死亡或部分死亡等现象；

(9)暴雪：指连续12小时的降雪量大于或等于10毫米的降雪现象；

(10)雨凇：指严寒致使雨雪在林木上结成的呈下垂形状的冰块；

(11)四旁树：指种植在宅旁、路旁、村旁、水旁的树。

短期费率表

保险期间	一个月	二个月	三个月	四个月	五个月	六个月	七个月	八个月	九个月	十个月	十一个月	十二个月
年费率的百分比	10	20	30	40	50	60	70	80	85	90	95	100

注：不足一个月的部分按一个月计收

第六节　农机具保险

农业机械是农业生产的主要工具，特别是拖拉机、联合收割机、乘坐式插秧机等农业机械，投资大，风险高，一旦发生事故会给农民家庭带来难以承受的生命财产损失。近年来，我国联合收割、大型拖拉机、插秧机从事跨区作业、运输等经营服务，呈逐步增多的趋势，这部分农业机械马力大，使用风险高，因农机事故导致农民致贫、返贫的现象时有发生。随着社会的发展，人民群众减轻事故灾害损失的意识逐步增强。适合农业机械所有人、使用者经济承受能力和农业机械使用特性的农机具保险险种，成为减轻农机事故经济负担、保障当事人合法权益、促进社会安定的新需求。开展农机政策性保险，政府补贴部分保费使农民以较少的投入获得安全保障和经济赔偿，符合广大农民群众意愿，有利于提高农村社会保障水平，促进农民安全致富和农村社会的和谐发展。农业保险是"十二五"我国农业和农村工作的重点工作之一，农机政策性保险作为农业保险的重要组成部分，对建立农机使用风险防范机制，增强农机户抵御风险，提高恢复生产的能力具有十分重要的意义。

【保险险种】

某某农业保险股份有限公司
农机具综合保险条款

1　总则

本保险合同由保险条款、投保单、保险单、保险凭证以及批单组成。凡涉及本保险合同的约定，均应采用书面形式。

2　保险标的

2.1　经过登记并检验合格的拖拉机，以及其他自走式农业机械可以作为保险标的投保本保险。与其配套的作业机械，在随主机作业的时候可以视为保险标的。

2.2　持有效驾驶证照的驾驶员，以及在核定座位人数以内的随车作业人员可以为保险标的。

2.3　被保险人对受害第三者依法应当承担的、人身和财产的赔偿责任也属于保险标的。

2.4　园林绿化、市政工程和建筑施工单位使用的拖拉机等，不属于本保险标的。其他非自走式的农用动力机械也不属于本保险标的。

3　保险责任

3.1　在保险期间内，由于下列原因造成保险标的的损失，保险人按照本保险合同的约定负责赔偿。

3.1.1　农机具损失保险

保险期间内，保险农机具在驾驶员或其允许的合法驾驶人使用过程中，发生下列列明原因的事故和损失时，保险人按本合同的约定负责赔偿：

(1) 火灾、爆炸、雷击、碰撞、倾覆；

(2) 外界物体倒塌、空中物体坠落、行驶中坠落；

(3) 暴风、台风、龙卷风、沙尘暴、暴雨、洪水、雪崩、冰陷、雪灾、冰凌、地陷、崖崩、滑坡、泥石流；

(4) 载运被保险标的的渡船遭受自然灾害的(只限于有驾驶员随车照料时)。

3.1.2　驾驶员和随车作业人员意外伤害保险

保险期间内，驾驶员或其允许的合法驾驶人(以下简称驾驶员)在驾驶操作保险农机具的过程中发生人身意外事故，所致驾驶员和随车作业人员遭受身体伤残或身故的，包括发生的抢救和治疗费用，保险人按本合同的约定负责赔偿。

医疗费用须符合当地政府颁布的基本医疗保险报销范围的规定。若被保险人从其他社会福利机构或任何其他第三方，或依任何医疗保险取得补偿，本公司仅给付剩余的部分。

3.1.3　第三者责任保险

保险期间内，驾驶员或其允许的合法驾驶人驾驶保险农机具发生意外事故，致使第三者遭受人身伤害或财产损失的：

(1)不属于机动车交通事故责任强制保险(以下简称“交强险”)保险的农机具,保险人在本合同约定的分项赔偿限额以内给予赔偿;

(2)属于“交强险”保险的农机具,保险人在本合同约定的分项赔偿限额以内,对超过“交强险”的各分项赔偿限额以上的部分给予赔偿。

3.2　发生事故时,为防止或者减少保险农机具的损失而采取施救、保护措施所支付的必要的合理的费用,保险人按本保险合同的约定负责赔偿。本项费用在标的保险金额以外另行计算,但赔偿金额最高以不超过保险农机具的保险金额为限。

4　责任免除

4.1　因下列情形造成的人身伤害、财产损失和费用、第三方的人身损害和财产损失,保险人不负责赔偿:

(1)无驾驶证、驾驶证失效或者被依法扣留、暂扣、吊销期间;

(2)驾驶与驾驶证载明的准驾车型不相符合的农机具;

(3)肇事后逃逸、破坏现场,以及毁灭证据等行为;

(4)饮酒、服用国家管制的精神药品或麻醉药品;

(5)在营业性场所维修、保养、改装期间,被吊装、被拖带和被运输期间;

(6)代替卷扬机械拉拽定桩物体的;

(7)人货混装或超载行驶的;

(8)全车被盗抢、下落不明以及在此期间受到的损坏,或被抢夺未遂受到的损坏,或车上零部件、附属设备的丢失,或在此期间造成的第三者人身伤害和财产损失;

(9)轮胎(包括钢圈)的单独损坏,玻璃的单独破碎,车身表面油漆的单独损伤,水箱或发动机的单独冰冻损坏;

(10)保险事故发生时,应当投保而未投保“交强险”、或“交强险”保险合同已经失效的保险农机具,属于“交强险”责任限额以内的损失和费用。

4.2 下列原因造成的损失、费用，保险人不负责赔偿：

(1)投保人、被保险人及其代表的故意行为；

(2)战争、敌对行动、军事行为、武装冲突、罢工、骚乱、暴动、恐怖活动；

(3)核辐射、核爆炸、核污染及其他放射性污染；

(4)地震、海啸；

(5)行政行为或司法行为；

(6)大气污染、土地污染、水污染及其他各种污染，但因本保险合同责任范围内的事故造成的污染不在此限；

(7)保险农机具发生保险事故，致使任何方造成的营业损失、延迟损失、各种间接损失，以及受损标的减值、贬值损失；

(8)人工直接供油、高温烘烤、自燃导致的损失。

4.3 下列损失、费用，保险人也不负责赔偿：

(1)精神损害赔偿；

(2)罚款、罚金及惩罚性赔偿；

(3)本保险合同中载明的免赔额。

4.4 其他不属于本保险合同责任范围内的损失和费用，保险人不负责赔偿。

5 保险金额、赔偿限额与免赔额

5.1 本保险的保险金额、赔偿限额，由费率表列明。

5.2 除驾驶员和随车作业人员人身伤害赔偿以外，保险人根据保险农机具在事故中所承担的责任比例，在符合赔偿规定的金额内实行事故责任绝对免赔率：

(1)负全部责任或单方事故责任的或应当由第三方负责赔偿的损失，被保险人无法找到第三方的，免赔率为10%；

(2)负主要责任的免赔率为8%；

(3)负同等责任的免赔率为5%；

(4)负次要责任或一定事故责任的免赔率均为3%；

(5)保险责任列明的自然灾害引起事故损失的不实行免赔率。

6　保险期间

本保险的保险期间按下列规定确定，具体由保险单载明。

6.1　农机具损失保险

(1)拖拉机保险期间为1年；

(2)其他自走式农用机械保险期间最长为1年，不满整月的按整月计。

6.2　农机具损失保险的保险期间，同为该标的项下的驾驶员和随车作业人员意外伤害保险、第三者责任保险的保险期间。

7　保险费

保险人按报备的费率表计算保险费。

8　保险人义务

8.1　订立保险合同时，采用保险人提供的格式条款的，保险人向投保人提供的投保单应当附格式条款，保险人应当向投保人说明保险合同的内容。对保险合同中免除保险人责任的条款，保险人在订立合同时应当在投保单、保险单或者其他保险凭证上做出足以引起投保人注意的提示，并对该条款的内容以书面或者口头形式向投保人做出明确说明；未做提示或者明确说明的，该条款不产生效力。

8.2　本保险合同成立后，保险人应当及时向投保人签发保险单或其他保险凭证。

8.3　保险人依据9.1所取得的保险合同解除权，自保险人知道有解除事由之日起，超过30日不行使而消灭，发生保险事故的，保险人应当承担赔偿责任。自保险合同成立之日起超过2年的，保险人不得解除合同；发生保险事故的，保险人承担赔偿责任。

保险人在合同订立时已经知道投保人未如实告知的情况的，保险人不得解除合同；发生保险事故的，保险人应当承担赔偿责任。

8.4 保险人按照10.3的约定,认为被保险人提供的有关索赔的证明和资料不完整的,应当及时一次性通知投保人、被保险人补充提供。

8.5 保险人收到被保险人的赔偿保险金的请求后,应当及时做出是否属于保险责任的核定;情形复杂的,应当在30日内做出核定,但保险合同另有约定的除外。

保险人应当将核定结果通知被保险人。对属于保险责任的,在与被保险人达成赔偿保险金的协议后10日内,履行赔偿保险金义务。保险合同对赔偿保险金的期限有约定的,保险人应当按照约定履行赔偿保险金的义务。保险人依照前款约定做出核定后,对不属于保险责任的,应当自做出核定之日起3日内向被保险人发出拒绝赔偿保险金通知书,并说明理由。

8.6 保险人自收到赔偿保险金的请求和有关证明、资料之日起60日内,对其赔偿保险金的数额不能确定的,应当根据已有证明和资料可以确定的数额先予支付;保险人最终确定赔偿的数额后,应当支付相应的差额。

9 投保人、被保险人义务

9.1 订立保险合同,保险人就保险标的或者被保险人的有关情况提出询问的,投保人应当如实告知。

投保人故意或者因重大过失未履行前款规定的如实告知义务,足以影响保险人决定是否同意承保或者提高保险费率的,保险人有权解除保险合同。

投保人故意不履行如实告知义务的,保险人对于合同解除前发生的保险事故,不承担赔偿保险金的责任,并不退还保险费。

投保人因重大过失未履行如实告知义务,对保险事故的发生有严重影响的,保险人对于合同解除前发生的保险事故,不承担赔偿保险金的责任,但应当退还保险费。

9.2 除另有约定外,投保人应在保险合同成立时交清保险费。

9.3 被保险人应当遵守国家有关法律法规，加强管理，采取合理的预防措施，尽力避免或减少责任事故的发生，维护保险标的的安全。

保险人可以对被保险人遵守前款约定的情况进行检查，向投保人、被保险人提出消除不安全因素和隐患的书面建议，投保人、被保险人应该认真付诸实施。

投保人、被保险人未按照约定履行其对保险标的的安全应尽责任的，保险人有权要求增加保险费或者解除合同。

9.4 保险标的转让的，被保险人或者受让人应当及时通知保险人。

因保险标的转让导致危险程度显著增加的，保险人自收到前款规定的通知之日起30日内，可以按照合同约定增加保险费或者解除合同。

被保险人、受让人未履行本条规定的通知义务的，因转让导致保险标的危险程度显著增加而发生的保险事故，保险人不承担赔偿保险金的责任。

9.5 知道保险事故发生后，被保险人应该：

(1)尽力采取必要、合理的措施，防止或减少损失，否则，对因此扩大的损失，保险人不承担赔偿责任；

(2)及时通知保险人，并书面说明事故发生的原因、经过和损失情况；故意或者因重大过失未及时通知，致使保险事故的性质、原因、损失程度等难以确定的，保险人对无法确定的部分，不承担赔偿保险金的责任，但保险人通过其他途径已经及时知道或者应当及时知道保险事故发生的除外；

(3)保护事故现场，允许并且协助保险人进行事故调查。

9.6 投保人或被保险人向保险人提出索赔请求时，应当填妥保险出险通知书和损失清单，并应当提供下列与保险事故有关的证明、文件和材料，包括：

(1)保险单、支付凭证；

(2)事故调查报告、具有法律效力的《公正检验报告》、出险农机具损毁部位的照片；

(3)调解协议书、仲裁书、事故判决(裁决)书；

(4)受害人的身份证明复印件；相关医治资料、肢体伤残照片；保险人认为有必要的、具有法律效力的伤残鉴定证明书或死亡证明书；

(5)投保人、被保险人所能提供的与确认保险事故的性质、原因、损失程度等有关的其他证明和资料。

被保险人未履行前款约定的索赔材料提供义务，导致保险人无法核实损失情况的，保险人对无法核实的部分不承担赔偿责任。

10　赔偿处理

10.1　保险事故发生时，被保险人对保险标的不具有保险利益的，不得向保险人请求赔偿保险金。

10.2　本条款2.1中列明的保险标的发生保险责任范围内的损失，保险人有权选择下列方式赔偿：

(1)货币赔偿，保险人以支付保险金的方式赔偿；

(2)实物赔偿，保险人以实物替换受损标的，该实物应具有保险标的出险前同等的类型、结构、状态和性能，或更好的状态、性能；

(3)实际修复，保险人自行或委托他人修理修复受损标的。

对保险标的在修复或替换过程中，被保险人进行的任何变更、性能增加或改进所产生的额外费用，保险人不负责赔偿。

10.3　保险标的遭受损失后，如果有残余价值，应由双方协商处理。如折归被保险人，由双方协商确定其价值，并在保险赔款中扣除。

10.4　被保险人向保险人提出索赔时，应当提供下列与保险事故有关的证明和材料：

(1)真实有效的保险凭证、损失清单、修理发票，驾驶证及行驶证正副本复印件；

(2)交通管理或农机监理等部门出具的真实有效的事故证明；

(3)进入诉讼或仲裁程序的案件，发生的调解书、判决书或仲裁书；

(4)涉及人身伤亡的，还应提供与保险事故有关的证明和材料：一是公立医院(含“医保”规定的其他定点医疗机构)出具的机制发票及费用清单，完整病历及诊断证明，转院、出院小结；二是伤残鉴定书、伤者及护理人员收入证明，伤亡者被抚养人状况证明文件，残疾用具证明及票据；三是死亡证明、销户证明、尸检证明、火化证明、交通费、住宿费发票。

(5)投保人、被保险人所能提供的与确认保险事故的性质、原因、损失程度等有关的其他证明和资料。

10.5 农机具损失保险，以及第三者责任保险的财产损失部分，保险人按下列规定计算赔偿金。

10.5.1 对保险农机具发生的机身损失，以及保险农机具对第三者造成的财产损失，均应当以修复为主。修理前不论是否经过公安交通管理部门、农机监理部门，或其他机关部门指定进行检验或损失评估，被保险人均应会同保险人(或其代表)检验，确定修理项目、方式和费用。否则，保险人有权重新核定，因被保险人的原因导致损失金额无法确定的，保险人有权对无法确定的部分拒绝赔偿。

10.5.2 保险赔偿金计算

10.5.2.1 保险农机具

(1)按定值投保的拖拉机

①全部损失或推定全损，赔偿金计算：

赔款＝有效保险金额×事故责任比例×(1－事故责任免赔率)－残值

有效保险金额＝保单保额－赔款批单累计扣减的保额(下

同)。

②部分损失在有效保险金额内,按下列公式计算赔偿金:

赔款=实际修复费用×事故责任比例×(1－事故责任免赔率)－残值

(2)按不定值投保的其他自走式农用机械

①全部损失或推定全损,赔偿金计算:

赔款=有效保险金额×事故责任比例×(1－事故责任免赔率)×(1－年折旧率×已使用年限)－残值

有效保险金额大于重置价值时,赔偿最高以重置价值为限;有效保险金额小于重置价值时,赔偿最高以有效保险金额为限。

②约定年折旧率为6%,从新车出厂或从注册登记之日算起最高以使用10年为限。扣除本项计算金额,当实际价值为有效保险金额或重置价值的40%时,保险人不扣折旧。

③部分损失在有效保险金额内,按下列公式计算赔偿金:

赔款=实际修复费用×事故责任比例×(1－事故责任免赔率)－残值

(3)因施救保险农机具发生的施救费用,应按农机具损失保险的有效保额,占全部施救财产价值的比例分摊施救费用。

10.5.2.2　第三者责任保险的财产损失部分

(1)当(核定的第三者损失金额－交强险分项限额)×事故责任比例等于或高于每次事故赔偿限额时:

赔款=每次事故对应的赔偿限额×(1－事故责任免赔率)

(2)当(核定的第三者损失金额－交强险分项限额)×事故责任比例低于每次事故赔偿限额时:

赔款=(核定的第三者损失金额－交强险分项限额)×事故责任比例×(1－事故责任免赔率)

(3)不属于"交强险"强制投保的农机具,保险人在使用上述公式计算赔款时可不用扣除"交强险"分项赔偿限额。

10.6 驾驶员和随车作业人员意外伤害保险、第三者责任保险的人身伤害部分，保险人按下列规定计算赔偿。

10.6.1 驾驶员和随车作业人员意外伤害保险。每次事故，在该保险项下的有效限额内核定赔偿金，该部分损失累计赔偿至有效限额，本保险项下的保险责任终止。

10.6.2 第三者责任保险的人身伤害部分。在本合同对每次事故约定的赔偿限额内核定赔偿金。其对属于“交强险”强制投保的农机具，按保险人核定的实际损失金额扣除“交强险”的分项赔偿限额后再核定赔偿金。

10.6.3 保险赔偿金计算

(1) 身故

从保险事故发生起计算，在180天内因该次事故引起受害人身故的：

①驾驶员和随车作业人员意外伤害保险。

赔款＝有效赔偿金额×事故责任比例

②第三者责任保险。保险人在合同约定的一次事故赔偿限额内，按照下列公式计算赔款：

赔款＝(核定损失金额－交强险分项限额)×事故责任比例

对不属于“交强险”强制投保的农机具，保险人在使用上述公式计算赔款时可不用扣除“交强险”分项赔偿限额。

(2) 伤残

从保险事故发生起计算，受害人经过180天的治疗，伤残程度符合《人身保险残疾程度与保险金给付比例表》之一的，保险人按下列规定计算赔款：

①驾驶员和随车作业人员意外险。

赔款＝赔偿限额×伤残赔偿比例×事故责任比例

②第三者责任保险。保险人在合同约定的一次事故赔偿限额内，按照下列公式计算赔款：

赔款＝死亡或伤残赔偿限额×伤残赔偿比例×事故责任比例

(3)抢救治疗费用

保险人在本合同核定的限额内，按核定的损失金额乘以责任比例计算赔偿金。其中，应属于“交强险”强制投保的农机具，按保险人核定的损失金额扣除“交强险”的分项赔偿限额后，乘以责任比例后再计算赔偿金。赔偿金计算：

①驾驶员和随车作业人员意外伤害保险、第三者责任保险。

赔款＝核定损失金额×责任比例×(1－事故责任免赔率)

②应属于“交强险”强制投保的农机具。

赔款＝(核定损失金额－交强险分项赔偿限额)×责任比例×(1－事故责任免赔率)

10.7　保险人依据保险农机具在事故中的责任比例，承担相应的赔偿责任。公安交通管理部门、农机安全监理部门未对事故确定责任比例，或事故发生地对事故责任比例没有明确规定的，保险人按照下列规定承担赔偿责任：

(1)负全部事故责任或单方事故责任的，保险人按100％事故责任比例计算赔偿金；

(2)负主要事故责任的，保险人按70％事故责任比例计算赔偿金；

(3)负同等事故责任的，保险人按50％事故责任比例计算赔偿金；

(4)负次要事故责任的，保险人按30％事故责任比例计算赔偿金；

(5)负一定事故责任的，保险人按15％事故责任比例计算赔偿金。

10.8　保险事故发生时，如果存在重复保险，保险人按照本保险合同的相应保险金额与其他保险合同及本保险合同相应保险金额总和的比例承担赔偿责任。但人身伤亡赔偿除外。

其他保险人应承担的赔偿金额,本保险人不负责垫付。若被保险人未如实告知导致保险人多支付赔偿金的,保险人有权向被保险人追回多支付的部分。

10.9 保险人对被保险人给第三者造成的损害,可以依照法律的规定或者本合同的约定,直接向该第三者赔偿保险金。

被保险人给第三者造成损害,被保险人对第三者应负的赔偿责任确定的,根据被保险人的请求,保险人应当直接向该第三者赔偿保险金。被保险人怠于请求的,第三者有权就其应获赔偿部分直接向保险人请求赔偿保险金。

被保险人给第三者造成损害,被保险人未向该第三者赔偿的,保险人不得向被保险人赔偿保险金。

10.10 发生保险责任范围内的损失,应由有关责任方负责赔偿的,保险人自向被保险人赔偿保险金之日起,在赔偿金额范围内代位行使被保险人对有关责任方请求赔偿的权利,被保险人应当向保险人提供必要的文件和所知道的有关情况。

被保险人已经从有关责任方取得赔偿的,保险人赔偿保险金时,可以相应扣减被保险人已从有关责任方取得的赔偿金额。

保险事故发生后,在保险人未赔偿保险金之前,被保险人放弃对有关责任方请求赔偿权利的,保险人不承担赔偿责任;保险人向被保险人赔偿保险金后,被保险人未经保险人同意放弃对有关责任方请求赔偿权利的,该行为无效;由于被保险人故意或者因重大过失致使保险人不能行使代位请求赔偿的权利的,保险人可以扣减或者要求返还相应的保险金。

10.11 被保险人向保险人请求赔偿保险金的诉讼时效期间为2年,自其知道或者应当知道保险事故发生之日起计算。

11 争议处理和法律适用

11.1 因履行本保险合同发生的争议,由当事人协商解决。协商不成的,提交保险单载明的仲裁机构仲裁;保险单未载明仲裁机构且争议发生后未达成仲裁协议的，依法向人民法院起诉。

11.2　与本保险合同有关的以及履行本保险合同产生的一切争议，适用中华人民共和国法律(不包括港澳台地区法律)。

12　其他事项

保险责任后，被保险人要求解除保险合同的，保险人应当退还未满期净保费。

13　释义

(1)碰撞：指保险农机具及其符合装载规定的货物与车体以外的固体物体的意外直接撞击。

(2)倾覆：指保险农机具因自然灾害或意外事故翻倒，车体触地，失去正常状态和行驶能力，不经施救不能恢复行驶。

(3)火灾：指保险农机具本身以外的火源引起的、在时间或空间失去控制的燃烧(即有热、有光、有火焰的剧烈的氧化反应)所造成的灾害。

(4)爆炸：指物体在瞬息分解或燃烧时放出大量的热和气体，并以很大的压力向四周扩散，形成破坏力的现象。

(5)行驶中坠落：指保险农机具在行驶中发生意外事故，整车腾空后下落造成本车损失的情况。

(6)自燃：指保险农机具因本车电路、线路、供油系统、供气系统发生故障或载运的货物自身起火、或农机具运转摩擦起火、或行经地面物起火等造成的火灾。

(7)肇事后逃逸：指发生事故后，被保险人为逃避法律追究，驾驶或遗弃保险农机具逃离事故现场的行为。

(8)单方事故：指不涉及与第三方有关的损害赔偿事故，但不包括自然灾害引起的事故。

(9)推定全损：当保险农机具的修复费用与施救费用之和预计达到或超过保险农机具实际价值的80%时，视为推定全损。

(10)本条款保险责任部分涉及的气象名词，以气象出版社

1994 年出版的《大气科学辞典》中的定义为准。

(11)保险人：指与投保人签订本保险合同的某某农业保险股份有限公司。

(12)意外伤害：指以外来的、突发的、非本意的和非疾病的客观事件为直接且单独的原因致使身体受到的伤害。

(13)无有效驾驶证：被保险人存在下列情形之一者：

①无驾驶证或驾驶证有效期已届满；

②驾驶的机动车与驾驶证载明的准驾车型不符；

③实习期内驾驶公共汽车、营运客车或者载有爆炸物品、易燃易爆化学物品、剧毒或者放射性等危险物品的机动车，实习期内驾驶的机动车牵引挂车；

④持未按规定审验的驾驶证，以及在暂扣、扣留、吊销、注销驾驶证期间驾驶机动车；

⑤使用各种专用机械车、特种车的人员无国家有关部门核发的有效操作证，驾驶营业性客车的驾驶人无国家有关部门核发的有效资格证书；

⑥依照法律法规或公安机关交通管理部门有关规定不允许驾驶机动车的其他情况下驾车。

(14)无有效行驶证：指下列情形之一：

①机动车被依法注销登记的；

②无公安机关交通管理部门核发的行驶证、号牌，或临时号牌或临时移动证的机动交通工具；

③未在规定检验期限内进行机动车安全技术检验或检验未通过的机动交通工具。未依法按时进行或通过机动车安全技术检验。

(15)未满期净保费。未满期净保费＝保险费×[1－(保险单已经过天数/保险期间天数)] ×(1－5%) 经过天数不足一天的按一天计算。

(16)不可抗力：指不能预见、不能避免并不能克服的客观情况。

第七节　农村小额贷款保证保险

【案例导读】[①]

宁波市共有中小企业13万家，由于担保、抵押及信用等级等原因，在银行有贷款记录的还不到3万家，资金瓶颈使众多中小企业步履维艰，有的还因此破产倒闭。为破解宁波市小企业和“三农”等经济主体“融资难”问题，2009年，宁波保险业与银行业通力协作，推出了全国首创的城乡小额贷款保证保险业务。截至2010年12月31日，小贷保证保险累计签单632笔，实现保费收入1356.34万元，提供了5.12亿元风险保障；未到期保险金额为4.09亿元，已到期(含退保)保险金额1.03亿元。通过小贷保证保险机制发放的全部632笔贷款中，初创型小企业累计承保568笔，贷款金额5.02亿元，占比98.1%；农业种养殖户累计承保25笔，贷款金额580万元，占比1.1%；城乡创业者(含个体工商户)累计承保39笔，贷款金额392万元，占比0.8%，业务续转率在50%以上。

小额贷款保证保险面对的是经济承受能力相对较弱的群体。随着消费信贷在我国公众中的发展，涉及分期付款、购车等耐用消费品的买卖活动迅速普及，国内各家财产保险公司相继开办了相应的分期付款买卖保证保险业务。目前，我国开办的保证保险业务范围小，涉及的险种也较少，主要有分期付款买卖保证保险、质量保证保险、住房消费贷款保证保险、汽车消费贷款保证保险等。

① 赵晓菲.《宁波小额贷款保证保险累计输血5.12亿元》.2011年2月14号.来源：证券日报.

一、小额贷款保证保险概念

小额贷款保证保险是针对小额贷款借款人还款提供保障的保险。小额信贷保证险的投保人是申请贷款的中小企业或个人，在保险期内，如果企业或个人产生还款风险，银行将按协议追讨，对仍不足以清偿借款本金和利息的剩余部分，保险公司将负责赔付。投保保证保险将使得符合条件的投保人在获得保险机构的支持之后，在没有抵押、没有担保的情况下，也能够从银行获得小额贷款。

二、小额贷款保证保险的功能

对借款人来讲，由于小额贷款保证保险所具备的金融“合作”机制，一方面，多个金融机构的合作，可以对借款人资信做出真实评估，使一些具备市场竞争能力的中小企业融资需要得到满足，在金融资源得到优化配置的同时、使一些具备市场竞争力的中小企业享受到市场公平的待遇。另一方面，还可以将一些不具备市场竞争能力与资信不够的企业，排除在贷款工作之外。

在过去相当一段时期内，众多中小企业贷款难的问题之所以存在并不能得到缓解，除了受现有金融体制影响外，很大程度上是因为相关金融机构认为中小企业抵抗市场波动能力弱，贷款可能存在较大坏账风险的缘故。在此前提下，采用政府补贴，并由银行、保险等金融机构合作联合参与对中小企业小额贷款的方式，一方面，使各参与金融机构各自利用自身优势，对借款人资信做出准确评估，并以此实现能在最大程度降低出现坏账风险的目标；另一方面，多个金融机构之间的合作，还可以在贷款风险得到有效分散同时，使金融机构自身贷款与市场目标取得平衡，并进而使相关的小额贷款工作能够得到持续地发展和推进。①

① 周义兴，《为推广试点小额贷款保证保险叫好》，2011 年 10 月 9 日，来源：荆楚网.

【保险险种】

江苏省农村小额贷款保证保险条款

1　总则

1.1　本保险合同由保险条款、投保单、保险单以及批单组成。凡涉及本保险合同的约定，均应采取书面形式。

1.2　为配合江苏省小额贷款业务的顺利开展，支持推动地方信用经济的发展，有效控制和分散信贷风险，特开办本保险。

1.3　凡根据银行监督管理部门相关规定和江苏省小额贷款保证保险业务规范性文件的有关规定，与小额贷款公司签订小额借款合同(以下称《借款合同》)，贷款用于生产性用途，且同时符合以下两项条件的自然人或法人，均可作为本保险合同的投保人(即《借款合同》中的借款人)：

(1)贷款期限不超过1年；

(2)自然人须已在江苏省内连续居住3年以上、具有固定住所、身体健康，同时还须拥有江苏省常住户口、并提供有效抵押或质押或者由其亲属或其他担保人提供连带担保责任；法人须具有1年以上的连续经营记录，无欠交税费、逃废债务等违法违规行为和不良信用记录，并提供有效抵押或质押，或由该企业法定代表人(或实际控制人)承担连带担保责任。

1.4　凡经江苏省金融工作办公室批准开办小额贷款业务的小额贷款公司(即《借款合同》中的贷款人)，均可作为被保险人。

2　保险责任

2.1　在保险期间内，投保人连续3个月完全未履行《借款合同》约定的还款义务，或《借款合同》到期后30日投保人仍未履行偿还贷款本金的义务，视为保险事故发生。

2.2　发生保险事故的，保险人按本保险合同约定负责偿还投保人所欠款项，但以不超过保险金额为限。本保险合同所称的所欠款项是指小额借款合同中投保人未偿还的贷款本金。

3　责任免除

3.1　由于下列情形致使投保人未履行《借款合同》而导致被保险人的损失，保险人不负责赔偿：

(1)战争、类似战争行为、敌对行为、武装冲突、军事行动、恐怖活动、谋反、政变、罢工、暴动、民众骚乱；

(2)核裂变、核聚变、核武器、核材料、核爆炸、核辐射以及放射性污染；

(3)洪水、海啸、台风、地震及地震次生灾害；

(4)行政行为或司法行为；

(5)被保险人及其代表的故意、纵容、授意或重大过失行为或被保险人雇员的故意行为；

(6)投保人为自然人的，其因遭受意外伤害事故，并自事故发生之日起 180 日内因该事故身故。

3.2　存在下列情形之一，导致被保险人的损失的，保险人不负责赔偿：

(1)投保人与被保险人订立的《借款合同》被依法认定无效或被撤销的；

(2)投保人与被保险人采用欺诈、串通等恶意手段订立《借款合同》的；

(3)被保险人违反《中华人民共和国商业银行法》、《贷款通则》等法律法规和江苏省小额贷款保证保险业务规范性文件有关规定未对投保人进行资信调查或未按规定程序进行贷款审批的；

(4)投保人不符合银行监督管理部门相关贷款规定和江苏省小额贷款保证保险业务规范性文件有关规定的资质条件而签订《借款合同》的；

(5)投保人与被保险人对原借款合同及附件内容进行修改，事先未征得保险人书面同意的；

(6)未经保险人书面同意，被保险人与投保人、《借款合同》的担保人就偿还《借款合同》的贷款达成和解协议的；

(7)投保人提供虚假证明材料的；

(8)对《借款合同》设定的担保被依法确认为无效的。

3.3　下列损失、费用和责任，保险人也不负责赔偿：

(1)《借款合同》约定的借款利息；

(2)投保人不履行《借款合同》约定的还款义务所造成的罚息、违约金、赔偿金以及逾期利息；

(3)被保险人因发生本保险合同 2.1 责任范围内的事故对应由被保险人支付的仲裁或诉讼费用以及其他相关费用；

(4)被保险人的间接损失；

(5)按本保险单明细表中列明的绝对免赔率计算的免赔额第十条其他不属于本保险责任范围内的损失、费用和责任，保险人均不负责赔偿。

4　保险金额与免赔率

4.1　保险金额是保险人承担赔偿责任的最高限额，本保险的保险金额为《借款合同》中列明的贷款本金，并在保险单中载明。

4.2　本保险合同实行绝对免赔，绝对免赔率为 50%，即被保险人向投保人和担保人追偿后，仍不足以清偿《借款合同》中约定的投保人贷款本金剩余部分的 50% 由保险人负责赔偿。被保险人对上述约定的保险人免赔的那部分必须全额自行承担，不得就该部分再向其他任何保险公司投保或由担保公司担保，否则保险人不承担保险责任。

5　保险期间

本保险的保险期间为《借款合同》生效之次日零时起，至《借款合同》约定的清偿全部贷款本金之日的 30 日以后的 24 时止。具体时间以保险单载明的起讫时间为准，最长不超过 1 年。

6　保险人义务

6.1　本保险合同成立后，保险人应当及时向投保人签发保险单或其他保险凭证。

6.2　保险人按照7.10的约定，认为被保险人提供的有关索赔的证明和资料不完整的，应当及时一次性通知投保人、被保险人补充提供。

6.3　保险人收到被保险人的赔偿保险金的请求后，应当及时做出是否属于保险责任的核定；情形复杂的，保险人将在确定是否属于保险责任的基本材料收集齐全后，尽快做出核定。

保险人应当将核定结果通知被保险人。对属于保险责任的，在与被保险人达成赔偿保险金的协议后10日内，履行赔偿保险金义务。保险合同对赔偿保险金的期限有约定的，保险人应当按照约定履行赔偿保险金的义务。保险人依照前款的规定做出核定后，对不属于保险责任的，应当自做出核定之日起3日内向被保险人发出拒绝赔偿保险金通知书，并说明理由。

6.4　保险人自收到赔偿请求和有关证明、资料之日起60日内，对其赔偿数额不能确定的，应当根据已有证明和资料可以确定的数额先予以支付；保险人最终确定赔偿保险金的数额后，应当支付相应的差额。

7　投保人、被保险人义务

7.1　订立保险合同时，投保人应履行如实告知义务，如实回答保险人就有关情况提出的询问，并如实填写投保单。投保人在投保时向保险人出具书面授权书，授权保险人在保险合同有效期内可随时查询还款账户的情况。

投保人故意隐瞒事实或者因重大过失未履行前款规定的如实告知义务，足以影响保险人决定是否同意承保或者提高保险费率的，保险人有权解除保险合同。前款规定的合同解除权，自保险人知道有解除事由之日起，超过30日不行使而消灭。

投保人故意不履行如实告知义务的，保险人对于合同解除前发生的保险事故，不承担赔偿保险金的责任，并不退还保险费。

投保人因重大过失未履行如实告知义务，对保险事故的发生有严重影响的，保险人对于合同解除前发生的保险事故，不承担赔偿保险金的责任，但应当退还保险费。

7.2　通过抵押贷款方式贷款的，投保人应在投保时提供下列资料。

7.2.1　借款人为自然人的，应提供的资料：

(1)借款人申请；

(2)借款人夫妻双方的有效身份证、户口簿、结婚证复印件、收入证明原件；

(3)提供有效抵押物的证明材料，房产证、土地使用证等，抵押物价值评估报告；

(4)办理抵押物登记取得他项权证。

7.2.2　借款人为企业的，应提供的资料：

(1)借款人申请；

(2)营业执照、机构代码证、税务登记证、开户许可证、贷款卡、验资报告、法定代表人身份证、公司章程、财务报表等复印件，企业同意借款的股东会或董事会决议书，法定代表人签字样本，授权委托书；

(3)特殊行业的企业还须提供有权批准部门颁发的特殊行业生产经营许可证或企业资质等级证书；

(4)提供有效抵押物的证明材料，房产证、土地使用证等，抵押物价值评估报告；

(5)办理抵押物登记取得他项权证。

7.2.3　抵押人应提供的资料：

(1)同意抵押的书面申请；

(2)抵押人的资格证明；

(3)对抵押物享有所有权(或处分权)的证明;

(4)抵押物基本状况;

(5)其他有关资料。

7.3 通过保证贷款方式贷款的,投保人应在投保时提供下列资料。

7.3.1 借款人为自然人的,应提供的资料:

(1)借款人申请;

(2)借款人夫妻双方的有效身份证、户口簿、结婚证复印件、收入证明原件(自然人经营企业的还需提供企业相关资料)。

7.3.2 借款人为企业的,应提供的资料:

(1)借款人申请;

(2)营业执照、机构代码证、税务登记证、开户许可证、贷款卡、验资报告、法定代表人身份证、公司章程、财务报表等复印件,企业同意借款的股东会或董事会决议书,法定代表人签字样本,授权委托书。

7.3.3 多户联保贷款的,应提供的资料:

(1)借款人申请;

(2)借款人夫妻双方的有效身份证、户口簿、结婚证复印件、收入证明原件(自然人经营企业的还需提供企业相关资料);

(3)联保小组组长及其他成员的基本信息说明等。

7.3.4 保证担保方应提供的资料:

(1)企业单位担保应提供营业执照、机构代码证、税务登记证、开户许可证、贷款卡、验资报告、法定代表人身份证、公司章程、财务报表等复印件,企业同意借款的股东会或董事会决议书,法定代表人签字样本,授权委托书及其他有关资料;

(2)个人担保应提供身份证、工作证、工资本、签订《担保承诺书》、个人担保额度为担保人年收入的2倍以内。

7.4 除另有书面约定外,投保人应当在保险合同成立时一次性交清保险费。保险费交清前发生的保险事故，保险人不承担赔偿责任。

7.5　被保险人应严格遵守国家及政府有关部门制定的相关法律、法规及规定，严格审查投保人的资信情况，在确认其资信良好、提供了符合条件的担保并符合发放贷款条件的情况下，方可同意向其提供贷款，并向保险人出具投保人的资信评估报告及发放贷款意见；必要时保险人有权要求投保人追加提供反担保或其他担保措施。

保险人可以对被保险人遵守前款约定的情况进行检查，向投保人、被保险人提出消除不安全因素和隐患的书面建议，投保人、被保险人应该认真付诸实施。

因投保人、被保险人未履行前款约定的义务而导致保险事故发生的，保险人有权拒绝赔偿；对因此而导致其赔偿责任扩大的，保险人有权对扩大部分拒绝赔偿。

7.6　被保险人应在每月 10 日前向保险人书面提供投保人上 1 个月的还款情况表，并签章确认。根据保险人的要求，被保险人应协助保险人随时查阅投保人的还款账户。

7.7　在偿还贷款期间，不得将本条款 1.3 所述担保合同约定的抵(质)押物进行转卖、转让或转赠。

在保险期间内，如被保险人发现任何可能导致保险合同风险增加的情况，或者发生足以影响保险人决定是否继续承保或是否增加保险费的保险合同重要事项变更，被保险人应在 5 个工作日内书面通知保险人，保险人有权要求增加保险费或者解除合同。

被保险人未履行前款约定通知义务的，因上述保险合同重要事项变更而发生保险事故，保险人不承担赔偿保险金的责任。

7.8　知道保险事故发生后，被保险人应该：

(1)尽力采取必要、合理的措施，防止或减少损失，否则，对因此扩大的损失，保险人不承担赔偿责任；

(2)在5个工作日内通知保险人，并书面说明事故发生的原因、经过和损失情况；如属刑事案件，应立即向公安机关报案；故意或者因重大过失未及时通知，致使保险事故的性质、原因、损失程度等难以确定的，保险人对无法确定的部分，不承担赔偿责任，但保险人通过其他途径已经及时知道或者应当及时知道保险事故发生的除外；

(3)保护事故有关证据，允许并且协助保险人进行事故调查。对于拒绝或者妨碍保险人进行事故调查导致无法确定事故原因或核实损失情况的，保险人对无法确定或核实的部分不承担赔偿责任。

7.9　投保人未按照《借款合同》的约定履行还款义务时，被保险人应及时做好对欠款的催收工作，并做好相应催收记录；如保险人认为需要，被保险人应在接到保险人书面请求两个工作日内就委托催收事宜向保险人出具授权委托书；被保险人在投保人逾期还款3日内将逾期还款情况书面通知保险人。

7.10　被保险人向保险人请求赔偿时，应提交下列书面材料：

(1)索赔申请书；

(2)保险单正本；

(3)《借款合同》；

(4)担保人对《借款合同》提供担保的相关证明文件；

(5)被保险人签发的《逾期款项催收通知书》(或律师函)及向借款人寄送《逾期款项催收通知书》(或律师函)的相关证明；

(6)投保人专项还款账户上的存款记录和扣款记录；

(7)未按期付款损失清单；

(8)被保险人委托保险人催收的《授权委托书》和相关权利凭证；

(9)保险人合理要求的有效的、作为请求赔偿依据的其他证明材料。

被保险人未履行前款约定的索赔材料提供义务，导致部分或全部保险责任无法确定，保险人对无法确定的部分不承担赔偿责任。

7.11　发生保险责任范围内的损失，被保险人应及时行使向投保人和担保人请求赔偿的权利。

被保险人不履行或延迟履行本条义务，造成损失扩大的，保险人不承担损失扩大部分的赔偿责任。

7.12　保险人有权向投保人、担保人行使代位请求赔偿的权利。被保险人在收到保险赔偿金的同时，应将其对投保人、担保人的权益转让给保险人，并应协助保险人做好向投保人、担保人进行催收和追偿的工作，向保险人提供必要的文件和其所知道的有关情况。

保险事故发生后，在保险人未赔偿保险金之前，被保险人放弃对有关责任方请求赔偿的权利的，保险人不承担赔偿责任；保险人向被保险人赔偿保险金后，被保险人未经保险人同意放弃对有关责任方请求赔偿权利的，该行为无效；由于被保险人故意或者因重大过失致使保险人不能行使代位请求赔偿的权利的，保险人可以扣减或者要求返还相应的保险金。

8　赔偿处理

8.1　发生保险责任范围内的损失，保险人按以下方式计算赔偿。

(1)被保险人索赔时应先行处分抵(质)押物或向担保人追偿以抵减欠款，对于抵减欠款后仍不足以清偿投保人贷款本金的剩余部分，保险人按照本保险合同的约定负责向被保险人赔偿。抵(质)押物的处置方式和价格应符合国家有关规定。

(2)在依据本条第(1)项计算的基础上，保险人在扣除按保险合同载明的绝对免赔率计算出的每次事故免赔额后计算赔偿。具体公式为：

保险赔款＝被保险人追偿后仍不足以清偿投保人贷款本金的剩余部分×(1－绝对免赔率)

(3)如果保险金额与投保时贷款本金一致的，保险人按照本条第(2)项计算的金额进行赔偿;如果保险金额低于投保时贷款本金的,保险人则按保险金额与投保时贷款本金的比例计算赔偿。具体公式为:

保险赔款=被保险人追偿后仍不足以清偿投保人贷款本金的剩余部分×(1—绝对免赔率)×保险金额/投保时贷款本金

8.2 被保险人向保险人请求赔偿保险金的诉讼时效期间为2年,自其知道或者应当知道保险事故发生之日起计算。

9 争议处理和法律适用

9.1 因履行本保险合同发生的争议,由当事人协商解决。协商不成的,提交保险单载明的仲裁机构仲裁;保险单中未载明仲裁机构或者争议发生后未达成仲裁协议的,依法向人民法院起诉。

9.2 本保险合同的适用中华人民共和国法律(不包括港澳台地区法律),并受中华人民共和国司法管辖。

10 其他事项

10.1 在保险期间内,未还清贷款前,投保人不得解除保险合同;投保人提前还清贷款的,在提供以下材料后,可解除保险合同:

(1)退保申请书;

(2)保险单正本;

(3)被保险人提供的还清贷款的书面证明;

(4)被保险人出具的退保无异议书面证明。

10.2 投保人按照前条约定解除保险合同的,保险人按照以下方式计算应退给投保人的未满期保险费:

(1)保险期间未开始计算的,应退还的未满期保险费=保险费—500元;

(2)保险期间已开始计算的,应退还的未满期保险费=保险费×退保系数。

其中退保系数按照保险单已生效月份数(与退保申请日相比较)占保险期间月份数的比例确定,确定方式见下表。保险单已生效月份已过 N 个月，不足 N+1 个月的，按 N+1 个月计算。

退保系数

保险单已生效月份数/保险期间月份数(S)	退保系数
S≤10%	65%
10%<S≤20%	60%
20%<S≤30%	45%
30%<S≤40%	35%
40%<S≤50%	25%
50%<S≤60%	15%
60%<S≤70%	10%
70%<S≤80%	5%
S>80%	0

10.3　保险人依照本保险合同约定向被保险人支付保险赔偿金后，保险责任终止，但不退还保险责任终止之日起至保险期间届满之日止期间的保险费。

11. 释义

本保险合同中除非文意另有所指，下列词语具有如下含义。

(1)保险事故：指在保险期间内，投保人连续 3 个月完全未履行《借款合同》约定的还款义务，或《借款合同》到期后 30 日投保人仍未履行偿还贷款本金的义务，视为保险事故发生；

(2)意外伤害：指外来的、突发的、非本意的、非疾病的使身体受到伤害的客观事件，不包括自杀、自残、人为伤害等主观故意行为。

第六章 农村小额保险的经营

第一节 农村小额保险经营模式

一、农村小额保险经营模式介绍

两年来，各保险公司根据当地特点和自身经营实际，在实践中探索形成了具有鲜明特征的经营模式，有效推动了农村小额人身保险业务的发展。经营模式主要包括全村统保模式、联动合作模式、信贷保险1+1模式、小型团单模式和中邮人寿模式等（见表1）。

表1 农村小额人身保险经营模式一览表

经营模式	特点
全村统保模式	①经营成本低；②能有效控制风险；③政府和集体的支持
联动合作模式	①与政府惠农政策实行无缝对接；②对业务管理要求高
信贷保险1+1模式	①与信贷机构合作，既能降低销售、管理成本，又能有效控制风险；②扩大小额人身保险的覆盖面，与小额信贷相互配合成为有效的金融扶贫手段
小型团单模式	①能够充分发挥农村社会“慈善事业”功能，用商业保险的方式服务于村民，社会影响较大，具有一定的示范效应；②难以持久，具有很大的不确定性
中邮人寿模式	借助全国邮政、邮政储蓄银行庞大的销售网络和延伸乡镇、农村地区的销售渠道优势，立足保险服务基层、服务“三农”

(一)全村统保模式

【案例导读】

河北省举行农村小额保险试点工作启动仪式

2009年7月8日,河北省举行农村小额保险试点工作启动仪式,副省长孙瑞彬出席会议并讲话,对试点工作提出要求:一是加快建立和完善相关制度和运营平台,开发新产品,创新销售、服务、理赔等流程;二是总结各地发展农村小额保险的经验,探索适合省情的发展模式,创新经营机制;三是各地特别是先期开办的50个县、市政府要加强组织领导,及时协调遇到的问题,农业、扶贫、财政、税务、工商等部门要加强协调配合;四是新闻媒体要广泛宣传产品的保障功能和支农惠农特点,引导农民群众积极投保;五是保险监管部门要加强监管,防止发生强制投保和误导、理赔拖延等行为。省长助理、省金融办主任江波主持会议。

国寿股份河北省分公司在仪式上向保定市白沟镇魏庄村签发了河北省第一张小额保险保险单。

全村统保模式是指"一张保单保全村"。该模式以行政村为基础,借助基层政府组织(如"村委会"等)的力量,向农民宣传参加小额保险的意义,推广小额人身保险产品,将符合投保条件的村民全部纳入小额保险保障范畴,实现"一张保单保全村"。从保费筹集方式看,全村统保模式的筹资方式有村民个人承担、村办企业为村民支付以及"政府－村民"按比例分担3种具体做法。全村统保模式具有以下特点。

1. 经营成本低　由于采取"一张保单保全村"即团体保险的方式,节省了宣传、销售和管理成本。

2. 有效控制风险　全村居民相互之间熟悉了解,在很大程度上能控制道德风险发生。

3. 争取基层政府的支持　这是该模式最为显著的特点，但也容易形成对当地政府的“过度”依赖。从某种意义上讲，该模式的成功与否在很大程度上取决于当地基层政府组织的支持，一旦失去支持，投保率将会受到严重影响。

(二)联动合作模式

联动合作模式是指将小额人身保险与政府的惠农政策实行无缝对接，实现小额人身保险的推广与普及。例如，2008 年年底，中国太平洋人寿黄梅支公司试点推行“新农合＋大病医疗＋小额人身保险”模式，即“黄梅模式”，受到广大农村居民的欢迎。中国人寿湖北当阳支公司在试点中也是采用联动合作模式，利用新农合平台，将小额保险产品作为新农合的补充。①

联动合作模式的主要特点：①与政府的惠农政策结合，利用新农合在农村地区的良好口碑和相对完善的服务网络，可在短期内迅速扩大小额人身保险的覆盖面，使商业保险与农村社会保障体系互为补充；②对业务管理要求高，由于与新农合捆绑销售，业务处理量大，按照现有的业务处理能力和手段难以在规定的时间内完成，如果现有的业务管理水平跟不上，则有可能因此留下纠纷隐患。

(三)信贷保险 1＋1 模式

信贷保险 1＋1 模式是指通过与农村金融机构(如农业银行、农信社等)合作开展小额贷款保险，引导农民在贷款的同时购买借款人意外伤害保险的方式。

信贷保险 1＋1 模式的特点是：①与信贷机构合作，借助其销售渠道，实现小额保险与其他金融服务相互衔接，既能降低管理成本，又能有效控制风险；②有利于扩大覆盖面，既保证了借款人的

① 粟榆，李琼，李池威.《我国农村小额人身保险运行回顾与评价》.《保险研究》，2010 年第 12 期.

还款能力，也合理地转移了信贷机构风险。

(四)小型团单模式

小型团单模式是指以小型团体的方式集体购买小额人身保险。这种情况多见于当地先富起来并热心家乡公益事业的个人，他们以为乡亲们购买保险的方式回馈社会。通常做法是由他们个人出资为村民集体购买小额人身保险。

小型团单模式的主要特点是：①能够充分发挥农村社会"慈善事业"功能，用商业保险的方式服务于村民，社会影响较大，具有一定的示范效应；②这种做法恐难以持久，具有较大的不确定性。

(五)中邮人寿模式

中邮人寿模式是指中邮人寿保险公司依托全国邮政、邮政储蓄银行已经存在的庞大的网络资源优势，借助延伸乡镇的渠道，销售保险产品，为基层和农村低收入人群提供风险保障。

中邮人寿模式的主要特点是：①依托邮政系统庞大的服务网络、资源和品牌优势，能够迅速渗透农村保险市场，扩大保险覆盖面；②依托邮政系统强大的内控管理体系，有利于协助保险公司建立健全风险管控体系，防范经营风险。

第二节　农村小额保险的销售模式

表 2

营销模式	优　势	不　足
个人代理	成本低，营销范围广，影响力大	稳定性差，存在道德风险
电话、网上营销	方便快捷，服务全面，费用低	安全隐患多，在群众中不够深入
银保、邮保合作	网点铺设广泛，认可度高	代理费用高，缺乏服务

续表 2

营销模式	优势	不足
员工制	队伍稳定，员工归属感强	成本高
连锁制	目标客户集中，规范管理统一	准入门槛高
兼业代理	成本低，客户稳定	要求高，存在利益倾向

当前，中国保险市场上各家保险公司通过积极努力探索，形成了多种小额保险销售模式，通过不断创新，推动了农村小额保险市场的不断发展。归纳起来主要有以下几种模式。①

(一)依靠基层政府组织，采用全村统保模式

结合农村人口的趋向性特点，借助基层政府组织及其成员的支持，如村委书记、村长等。通过积极与乡镇政府、村委干部进行沟通、汇报，赢得认同并进一步争取到他们的支持，同时，尽量动员从村干部做起，鼓励村干部带头投保，通过示范效应和广泛宣传营造气氛，使小额保险家喻户晓。以此为基础，定期召开产品说明会集中开展业务，以点带面，重点突破，逐步将符合投保条件的村民全部纳入小额保险保障范畴。

(二)与创建保险先进村相结合

将小额保险业务与保险先进村建设有机结合起来。一方面，积极引导基层公司充分发挥小额保险的惠农特点，积极利用小额保险加快保险先进村建设。另一方面，通过对保险先进村的系统维护和深入挖掘，对小额保险客户进行再开发，加快渗透。充分利用创建保险先进村的平台来拓展小额保险业务，运用小额保险覆盖面广的优势推进保险先进村建设。指导农村营销服务部从经济

① 吴莹.《探索建立农村小额保险多渠道销售模式》.2011 年 1 月 26 日《中国保险报》.

条件较好、村委比较认同保险的行政村入手，运用保险先进村群众保险意识较强、对公司认同度较高的有利条件，组织驻村代表走村串户，以行政村、自然村、村民小组等农村基层组织为单位，销售小额保险。

(三)驻村服务拓展模式

通过向政府反复宣传攻关，争取政府强势推动，以小额保险为载体，在各村建立保险监督服务站，发展驻村服务员和保险监督员队伍，为农民提供包括小额保险业务在内的各项服务。通过这种驻村服务模式，能有效拉近农民与小额保险的距离，使农民了解和咨询小额保险有了固定场所；农民与驻村服务员可以密切接触沟通，农民认知保险的机会增多，对保险的信任感也随之增强；保险监督服务站所具有的联络功能，使小额保险的宣传、拓展、服务更具针对性，工作效率也更高。驻村服务拓展模式，本质上是保险村创建方式在小额保险拓展中的灵活运用。

(四)多主体合作模式

保险公司与农村基层组织或机构合作，包括村委会、妇联、残联、工会、合作社、供销社、村卫生所、计划生育协会以及与新型农村合作医疗经办或代办机构等团体或机构合作，利用他们的工作人员销售小额保险。该模式是合作代理模式的一种，保险公司作为风险承担者和保险产品提供者，上述团体作为代理，将保险产品销售给他们所接触到的一类低收入人群，保险公司一般支付佣金或手续费作为给这些团体的报酬。在该模式下，这些团体尽量使他们销售的保险与其自身的组织目标结合起来，争取寻找与在产品和服务等各个方面都能满足本团体成员要求的保险公司进行合作，而不是简单为了获取佣金而被动接收任意保险公司的委托销售小额保险产品，这种合作关系能够真正实现客户、保险公司和代理机构的多方共赢。

(五)与销售队伍的发展相结合

通过发展壮大农村销售队伍来完成小额保险覆盖目标,运用小额保险业务门槛低、易于销售等特点抓销售队伍增长,提高队伍产能,解决客户资源少、销售技能差、展业成本高、举绩率低、风险控制难等具体问题。为了提升小额保险的销售能力,在抓好农村营销队伍增长的同时,还要有意识地在小额保险开拓区域当地物色一些农村基层干部和在乡村社会有一定影响力的人物,充分运用这类人士熟悉当地经济、社会、家庭情况的特点,协助业务员对小额保险进行宣传、发动。通过采取这种方式,促进小额保险销售覆盖的有效提升。部分农村干部和乡村影响人物也通过参与对小额保险的宣传发动,而加深了对保险的理解和认识,有可能加入到销售队伍中来,真正做到了小额保险销售与农村销售队伍建设相结合、相促进。

第三节　网络营销

互联网的出现,改变了保险公司进行市场宣传和推广的概念、方式和手段。随着信息化、电子化的到来,一种可以用于保险营销的新形式——网络营销已经在国际保险营销市场上出现。2011年7月19日,中国互联网络信息中心(CNNIC)在京发布了《第28次中国互联网络发展状况统计报告》(以下简称《报告》)。《报告》显示,截至2011年6月底,中国网民规模达到4.85亿。网络营销目前正随着计算机网络技术的逐步发展,网络时代的到来,而成为一种拥有巨大潜力和美好发展前景的新型保险营销方式。

一、保险网络营销的概念

保险网络营销是保险公司以现代营销理论为基础,利用互联网的技术和功能,最大限度地满足客户需求,以达到开拓市场、增加盈利为目标的经营过程。它是直销营销的最新形式，并由互联网替代了传统媒介，简单地说，就是以互联网作为传播手段，通过对市场的循环营销，满足消费者需求和商家需求的过程。

二、保险网络营销的特点

保险网络营销之所以对世界保险市场形成巨大冲击力，是因为这种新营销形式有切实的优势，主要表现在以下几个方面。

（一）信息量大，并具有互动功能

网络可以不受地区和时间的限制，保险业务可以延伸到全球范围内的任何地区、任何一台上线计算机，实现全天候在线作业，人们足不出户就可以通过互联网完成整个保险合同的签约过程以及在网上提出索赔申请。这种方式是传统保险营销方式无法比拟的。

（二）节省开支，便于控制营销预算

保险公司实行网上营销后，减少了保险销售的中间环节，节省了大笔费用，有效地降低了经营成本，由此降低了保险费率的报价，同时，网络交易的账目更易于控制。

（三）省时并减少营销渠道

网络营销中，投保人可以随时上网查询信息，保险公司也可以随时了解并最大限度地满足投保人对保险产品的个性化需求，使得保险公司同投保人之间能够快速的交换信息，提高了营销效率。

（四）为客户提供新型的购买方式，帮助他们控制采购流程

可以向客户提供自动化的、专业的和个性化的消费咨询与产品组合，使投保人掌握更多的资源信息，让他们对新的保险商品的设计有更多发言权。

（五）随时提供服务

网络营销可以每周 7 天，每天 24 小时提供营销服务，相当于扩大了保险公司的规模，大大增加了保险公司获取保险单的机会，取得竞争优势。

(六)减少市场壁垒,提供平等机会

联机网络创造出一个地球“保险村”,消除了同其他国家投保人签单的时间、地域障碍以及宗教信仰等方面的限制。

【深度阅读】

中国网络保险发展现状①

中国保险业在开放中不断发展壮大,保险业保持了高速发展的态势。2000 年,保险公司纷纷推出自己的网站,很多第三方保险电子商务出现,标志着中国进入网络保险历程。中国人保财险、太平洋保险、中国人寿保险、金盛人寿、泰康人寿等保险的电子商务网站先后正式开启;国内首家集证券、保险、银行及个人理财于一体的个人综合理财服务网站——平安公司的 PA18 在京正式向外界亮相;“网险”、“e 家保险”、“买保险网”等第三方网上保险超市也陆续开始上线运营。

从各大保险公司近几年的信息化动作来看,网上保险直接渠道、网上保险间接渠道、手机保险均得到快速发展。中国人寿、平安保险、泰康人寿、太平洋保险、中国人保财险的电子商务系统和手机投保系统,以及易保网、中国保险网等第三方电子商务平台均在近几年有较大投入;中科软、尚洋信德、新保软件等保险行业软件和服务厂商也纷纷推出相应的电子商务解决方案;此外,保险电子商务也得到了行业监管部门的大力支持,《国务院关于保险业改革发展的若干意见》、《中国保险业发展“十二五”规划纲要》及《中国保险业发展“十一五”规划信息化重点专项规划》相继出台,推进网络营销已经成为“十二五”期间保险业重点发展目标;

① 王秀珍.《中国网络保险营销发展浅析》.《电子商务》,2011 年第 10 期.

《电子签名法》《电子支付指引》《电子服务认证管理办法》等相关规定的陆续实施，困扰保险网络营销的身份认证、电子保单及在线保费支付等问题逐步得到改善，为保险网络营销的发展提供了良好的技术环境。

【营销案例】

农村小额人身保险销售如何借助新农村“新农合”平台（广西案例）[①]

在农村小额保险试点工作中，中国人寿保险股份有限公司广西分公司积极与地方政府合作，借助政府“新农合”政策的实施推进小额保险销售。

一是主动与当地政府联系，汇报农村小额保险对广大农村群众的重要作用以及它所承担的保障责任，争取政府部门支持。

二是把政府印制的“新农合”资料发放给农民，向他们介绍“新农合”提供了哪些保障，同时说明中国人寿小额保险如何为“新农合”提供配套保障和补充服务。

三是甄选地点，重点突破。通过调研，广西分公司发现鹿寨县支公司在与政府“新农合”合作方面有较好的思路和措施，便统一整编他们的经验后向全区推广，不少基层公司纷纷仿效，推出了与“新农合”联合销售的小额保险。

四是具体方案。推出每份保费 10 元、意外伤害保险金额为 7 000 元，满足低收入农民的保险保障需求，弥补“新农合”的不足。

五是实施效果。广西国寿各基层公司借助“农合办”力量，在各乡镇收取“新农合”个人自付部分的契机，采用“新农合 30 元＋小额保险 10 元”的收费模式，为广大群众办理“农村小额保险”。

① 保险圈内外 http://blog.sina.com.cn/wanlihong2018

【营销方式】

“保险超市”乃大势所趋①

产销分离将是我国保险业发展的趋势，一站式、专业化的“保险超市”服务也将是未来保险消费的趋势之一。家电业产销分离后，国美、苏宁的发展奇迹，或许将在中国保险业重演。

“3·15”前夕，中国保护消费者基金会向社会公示2011年“‘3·15’维护消费者权益诚信单位”十佳名单，大童保险、海尔集团等10家企业榜上有名，大童保险销售服务有限公司是保险界唯一入选企业。作为一家创立仅两年多的保险中介企业，大童何以能与海尔这样的知名企业“齐名”？保险中介缘何能在维护消费者权益领域有此大作为？带着诸多疑问，记者走进了位于北京西城区的大童公司总部，一探究竟。

一、保险超市化：改变消费观念

走进大童保险销售服务有限公司大门，右侧文化墙上“做老百姓身边的金融保险超市”标语赫然映入记者眼帘，大童公司副总裁赵忆洲表示，把大童建设成为“老百姓身边的金融保险超市”，是公司创立的宗旨和商业使命，也是服务广大保险消费者的出发点和落脚点。

2009年12月30日，经中国保监会批准，大童保险销售服务有限公司正式成为全国性保险专业销售公司，突破了内地保险专业销售机构不能跨地区开设分公司的限制。赵忆洲表示，正是全国代理牌照的获批，使得大童明确了一站式服务的“保险超市”经营模式，大童坚持以“保险超市”模式和第三方立场服务客户，力图

① 王慧.《“保险超市”乃大势所趋》.《中国保险报》，2011年3月22日.

将消费新概念、购买新模式、服务新体验呈现给消费者，为客户“货比三家”、“量身定做”，提供专业、诚信、便捷的保险销售和售后服务，维护消费者的权益。

为了建设名副其实的“保险超市”，大童两年多来，坚持精挑细选供应商，优中选优保险产品，牵手40多家保险公司，从数千款保险产品中精选了包括寿险、财产险、意外险等卡单在内的400余款产品，建成了初具规模的大童金融保险超市。同时，大童发挥自身在保险产品和市场需求方面的专业优势，深入研究消费者保险综合需求，先后与华夏人寿、生命人寿、中英人寿等保险公司联合开发产品，向市场推出了“童鑫锁”、“福满堂”和“好儿郎”等多款专属销售产品，开创了产销联手研发保险产品的先河。专属产品充分尊重了消费者的感受，是站在性价比高、通俗易懂、优势明显、功能完善等维护消费者利益的角度，代替消费者团购的一种产品开发方式，为消费者带来了实惠，得到了消费者拥护。

在大童买保险的顾女士告诉记者，“我爱琢磨看起来晦涩难懂的保险条款，接触过几家保险公司的销售人员，收了好几份保险建议书。他们各家都说自己公司的产品怎么好，这种推销方式我很不认同，也难以建立信任感。”顾女士说，“我只想买真正适合自己的保险，销售人员能否站到我的立场考虑我的需求，这对我很重要。我从大童的电子商务网站上接触到‘保险超市’这个概念，并看到这个平台上有多家保险公司的几百种商品可以选购，而且为我服务的销售人员立场很客观，专业能力也不错。所以，我最终在大童买了保险。”

很多消费者都有顾女士这样的困惑，事实上，他们并非拒绝保险，而是拒绝保险传统的推销方式。对于普通消费者来说，保险是无形商品，交易的过程是一纸合同，到一家保险公司买保险很难做出合理的产品比较和选择。

买电器有苏宁、国美，买生活用品有美廉美、好邻居，中国老百姓买保险是不是也会考虑身边的“保险超市”？相对于已经成熟的电器营销，“保险超市”将如何完善和发展才能更好地赢得消费者的青睐呢？中央财经大学保险学院院长郝演苏表示：“保险销售服务公司的成立，‘保险超市’的诞生，使保险营销发生巨变，也使得人们的保险消费理念发生转变。保险市场有专业的产品供应公司，也应有与之相配套的产品销售公司，各自都可以发挥专业性。客户可以在专业代理公司的‘保险超市’中通过专业人士的指导找到适合自己的保险产品。”

二、投保专业化：一站式服务

当然，不少消费者也存有疑虑，与直接在保险公司投保相比，“保险超市”消费其间还“隔了一只手”，投保和理赔的手续是否会更繁杂？究竟由谁为消费者提供售后服务？大童的超市服务理念、服务机制和服务效率如何？

为了让消费者体验身边的“保险超市”，大童除了通过两年多的不懈努力，建立起一支近万人的专业素质较高、具备高绩效能力的个人营销队伍外，还成功搭建起“银行渠道营销”和“网络互动营销”两大保险服务平台，为大众提供“身边式”金融“保险超市”服务，用全方位的渠道服务改善老百姓的保险消费环境和满足消费者保险需求。前不久揭幕的“2010 中国保险业年度风云榜”上，大童经专家提名和评审团严格评选，摘得 2010“年度最具投资价值保险中介企业”大奖，大童“保险超市”消费已经得到消费者的青睐和业界的认可。

截至目前，大童已经拥有覆盖全国 16 个省、市、县分支机构的统一运营支持服务平台，拥有领先专业保险中介行业的信息技术系统，并以高于行业平均水平的标准确保承保、理赔服务时效。而在广大消费者极为关注的理赔上，今年 2 月份北京发生的一起理赔案件很好地诠释了大童的理赔服务效率。2010 年 8 月，一位蔡姓客户经北京大童一位理财顾问推荐，为丈夫金某“选购”了大童代理销售的3家保险公司的三款产品。2011年2月16日，金某不幸在天津因车祸罹难。意外发生后，为她服务的这位大童理财顾问在第一时间向3家保险公司同时报案，同时，大童后援专业服务人员及时联络督促3家保险公司理赔部门迅速做出了赔付决定，被保险人家属从3家保险公司共计获得赔付23万元。

郝演苏表示，今天及未来的消费者及其家庭在人身、财产、责任方面面临的风险是多样化的，他们需要一个综合保障规划，而不仅仅是一张保单。保险超市的消费模式不仅体现了货比三家和综合理财的好处，而且在履行客户权益的时候能得到专业支持，客户并没有因此多花一分钱，但却可以获得更契合需求的产品组合、优惠的费率、有利的理赔和专业的服务，这就发挥了保险中介的最大优势。

目前我国的保险代理公司保费收入对于保险业的贡献度不到5%，与欧美发达国家保险代理公司对保费收入贡献超过60%形成鲜明的对比。郝演苏表示，产销分离将是我国保险业发展的趋势，一站式、专业化的保险超市服务也将是未来保险消费的趋势之一。

大童负责客户服务工作的丁女士告诉记者，大童要求全体人员以敬畏之心认真对待每一位客户、每一份保单、每一个流程，将“第一忠诚于客户”落实到具体行为上。家电业产销分离后国美、苏宁的发展奇迹，或许将在中国保险业重演，但正如郝演苏所说，中国保险专业代理、“保险超市”将有很长、很艰难的路要走。

第七章　农村小额保险的投保

第一节　投保前的准备工作

“天有不测风云，人有旦夕祸福”。生活中各种意外和疾病，比如大病、伤残、车祸、空难等，随时可能发生。通过购买保险，我们就可以有效地减轻、避免上述意外疾病对家庭的影响和伤害。保险已经成为家庭生活的必需品，是家庭财务不可或缺的保障。

在各家保险公司推荐的五花八门的产品中，你是否觉得无所适从？在购买了某一寿险产品后，发现该产品并不像当初想象得有那么大的作用？你是否对保险缺乏正确的认识，购买了过量的保险产品，导致家庭资产流动性差，收益率低？在种类繁多的保险产品中，你是否能够设计出最优的适合自己的保险方案？建议各位农民朋友，在购买保险产品之前，一定要做好以下准备工作。

一、对家庭财务做一次总结

家庭年收入、月开支？是否有房产、有多少？多余房产价值几何？现有存款金额？是否有其他理财账户，有多少资金？贷款有没有？有多少？全家人已有的保障情况？往后几年是否有新的大件需要购买：房、车？最近几年是否需要增加其他开支：比如孩子教育金……

正所谓量入为出，为了让自己更清晰家庭财务情况，建议大家自己做一次总结。这样，全面了解自己家庭的财务现状，将有利于我们进一步地规划保险的购买。

二、对家庭保费支出做一下预算

保险并不是越多越好，过多的保费将会给家庭带来压力，在购买保险时，要预算好家庭保费支出，量入为出。

保障型保险尽量控制在家庭收入的15%以内。通过上面我们对家庭财务情况的总结，了解家庭收支情况，就能充分做好保险费用的预算与安排。

三、了解一些基础的保险知识

（一）基本概念

1. 人身保险　以人的寿命和身体为保险标的的保险。它在发生死亡、伤残、疾病、年老等风险事故时，按照保险合同约定提供经济补偿。另外，人身保险具有保障和长期储蓄功能。人身保险包括人寿保险、健康保险和意外伤害保险。

2. 财产保险　指投保人根据合同约定，向保险人交付保险费，保险人按保险合同的约定对所承保的财产及其有关利益因自然灾害或意外事故造成的损失承担赔偿责任的保险。财产保险，包括财产损失保险、农业保险、责任保险、保证保险、信用保险等以财产或利益为保险标的的各种保险。

3. 保险人　指与投保人订立保险合同、收取保费，并承担赔偿或给付保险金责任的保险公司。

4. 投保人　指与保险公司订立保险合同，并按照保险合同负有支付保险费义务的人。

5. 被保险人　指其人身受保险合同保障，享有保险金请求权的人。如果投保人以自己为被保险人进行投保，投保人与被保险人就是同一人。

6. 受益人　指人身保险合同中由被保险人或投保人指定的享有保险金请求权的人，投保人、被保险人可以为受益人。需要注意的是，如果保险合同中未清楚指定受益人，那么在被保险人出险后，由其法定继承人作为受益人。

7. 保险标的 指作为保险对象的财产及其有关利益，或者是人的寿命和身体。

8. 保险利益 指投保人对保险标的具有的法律上承认的利益。

9. 保险金额 指由于人的生命、健康难以用金钱衡量，所以，与财产保险定损后确定赔偿金额不同，人身保险的保险金额是按照投保人与保险公司订立保险合同时约定的。当保险事故发生时，保险公司以订立金额为赔付上限承担保险责任。

10. 现金价值 指长期人身保险合同保险单所具有的价值。通常体现为解除保险合同时，由保险公司向投保人退还的那部分金额。在终身寿险、两全保险等保险中具备。

11. 保险责任 指保险人所承担的风险项目，它规定保险人对投保人承担经济赔偿和给付责任的范围。保险责任在保险合同中都一一列明，通常由保险人事先制定。

12. 除外责任 指保险人不承担的赔偿责任。对保险人来说，除了正面规定其应当承担的责任外，又从反面规定其不承担的责任，目的是让投保人明确保险人的承保范围。

(二)保险的种类

主要包括意外保险、意外医疗保险、住院费用保险、住院补贴型保险、重大疾病提前给付保险、子女教育保险、养老保险等。

(三)家庭成员的投保顺序

很多朋友在考虑保险时，首位考虑是孩子。殊不知，我们大人才是孩子最好最安全的保险，在考虑小孩的保险之前，应当安排好家庭顶梁柱的保险。

家庭投保，先大人再小孩。最先考虑保险的应当是家庭顶梁柱。家庭收入最主要部分来源于谁，谁就是家里的顶梁柱。家庭顶梁柱就是我们家庭的一个印钞机，因此要重点保护，优先做好保障计划；其次是其他收入来源的家庭成员；最后是小孩。

(四)投保保险种类的顺序

首先安排好家庭所有成员的基础医疗。随着我国保障体系越来越健全，现在所有老百姓都能享受国家的福利保障。那么我们最先应当安排好所有家庭成员的基础医疗问题，如农村合作医疗、新型农村养老保险等。

其次是意外保障和意外医疗保障。风险无处不在，很多时候，意外的发生并不是因为我们自己，而是别人不小心的情况下发生的。一旦有意外发生，都非常严重。而且，意外保险的费用相对是最低的，应当作为我们的优先考虑。

再次是医疗健康保险。医疗费用报销、重大疾病和住院津贴保险。

人吃五谷，哪能不病。而且，随着现代生活压力越来越大，环境污染越来越严重，食品安全越来越不放心的大环境下，重大疾病的发生率越来越高，越来越年轻化。那么，家庭成员都应当做好做全重大疾病的安排。

最后是养老保险和子女教育金储备。

随着老龄化越来越严重，4321 的家庭结构将会让中国家庭出现严重的偏颇。将来一个小孩要负担多位老人的生活问题，我们提前安排好自己的养老问题，将是给孩子最大的帮助。

孩子教育金的储备则是越早越好，但是这不能成为大家的首选。而是在家庭成员的基础保障安排好的情况下，如果家庭收入有盈余，可以提前做好孩子的教育储备。

四、投保前的选择

(一)选择保险公司

要选择信誉好、规模大、业绩优、实力强的保险公司作为投保对象。

(二)选择保险代理人

其实,这一步最重要。因为一位专业诚信的保险顾问,会帮您做全面的规划,同时也会根据您的情况安排一套最适合的方案。同时,专业诚信的代理人,会带给您最舒心的服务。大家一定不要因为听到某些保险顾问用某些利益诱惑而选择。保险顾问的人品,不仅决定着您保单的质量,也决定着您今后享受的服务,特别是发生风险,需要理赔时。

(三)选择保险产品

各类保险产品各有其优势,没有最好只有最适合。每位朋友,每个家庭的情况不一,那么保障方案也不一样。大家在选择保险产品时,要根据自己和家庭情况选择。

第二节 合同的签订

合同订立是指合同当事人在平等、自愿的基础上,就合同的主要条款达成一致。保险合同的订立要经过投保和承保两个阶段。

一、投 保

投保是指投保人向保险人提出的确定的、明确的订立保险合同的意思表示,即提出保险要求,也称之为“要保”。投保是保险合同成立的先决条件,投保经保险人接受后才可能产生保险合同的效力。《保险法》第十三条第一款规定:“投保人提出保险要求,经保险人同意承保,保险合同成立。保险人应当及时向投保人签发保险单或者其他保险凭证。”

自然人、法人或其他组织都具有投保的自由:一是有决定投保的自由;二是有选择保险人的自由;三是有协商合同内容的自由。投保是保险合同成立的先决条件,应具备以下几个条件:第一,投保人要有缔结合同的能力。对于自然人来说，无民事行为能力人或者限制民事行为能力人，一般不具有投保能力，其提出的保险要求不产生投保的效力；第二，投保人对保险标的应当具有保险利益；第三，投保人要履行如实告知义务。

投保的形式一般为投保单或其他书面形式。在保险实务中多由保险公司以投保单的形式印就后，向投保人提供，由投保人填写。投保人投保时只需向保险人或其代理人提出保险要求，索取相应的保险单证，并按照投保单的要求如实填写，表明其对投保事项的真实意思，并将填写的投保单交给保险人。投保人有特殊要求的，也可与保险公司协商，约定特别条款。

二、承　保

承保是保险人完全同意投保人提出的保险要约的行为。承保为保险人的单方法律行为，构成保险合同成立的要件。在保险实务上，保险人收到投保人填写的投保单后，经过核保审查认为符合承保条件，在投保单上签字盖章并通知投保人的，构成承诺。保险人承诺保险要约，不得附加任何条件或对要约进行变更。保险人在承诺保险要约时，附加任何条件或对要约进行变更，不发生承诺的效力，构成反要约。也就是说，保险合同的成立，不总是表现为投保人投保和保险人承诺的简单过程，有时要经过要约、反要约和承诺这样一个反复协商的过程。

有些国家还对承诺的时间做出了明确的规定，如瑞士联邦《保险合同法》第一条第一款规定了要约具有 14 天的约束力，若被保险人需做身体检查，该要约的有效期为 4 个星期，保险人的逾期接受不构成对投保人的约束。如果保险人或其代理人在对投保人的投保要求做出同意承保的意思表示的同时，又附加任何条件或对要约进行变更，则这种同意承保的意思表示不能作为承诺，不发生承诺的效力，而只能作为一种新的要约。这种新的要约，须经过投保人同意后，保险合同才能成立。

承诺生效时保险合同成立。保险人应当及时向投保人签发保险单或者其他保险凭证，并在保险单或者其他保险凭证上加盖保险公司公章、经授权出单的分支机构公章或上述两者的合同专用章，不能只盖法定代表人、负责人名章或内部职能部门印章。但若没有签字盖章，当事人一方已经履行主要义务且对方接受的，该保险合同也应视为成立。因为签字、盖章表明当事人对合同的内容达成协议，当事人没有签字、盖章，一般说明订约过程未完成，合同不成立。但若当事人一方已经履行主要义务且对方接受的，事实上证明当事人认可了合同的内容，合同成立。

第三节　投保注意事项

一、投保人的义务

(一)如实告知义务

按照《保险法》第十六条第一款的规定，在订立合同时，投保人应履行如实告知义务。投保人对于保险公司在投保单上的任何询问，都应当如实告知。投保人故意或者因重大过失未履行前款规定的如实告知义务，足以影响保险人决定是否同意承保或者提高保险费率的，保险人有权解除合同。投保人故意不履行如实告知义务的，保险人对于合同解除前发生的保险事故，不承担赔偿或者给付保险金的责任，并不退还保险费。投保人因重大过失未履行如实告知义务，对保险事故的发生有严重影响的，保险人对于合同解除前发生的保险事故，不承担赔偿或者给付保险金的责任，但应当退还保险费。

(二)缴纳保险费的义务

《保险法》第十四条规定：“保险合同成立后，投保人按照约定交付保险费；保险人按照约定的时间开始承担保险责任。”第三十五条规定：“投保人可以按照合同约定向保险人一次支付全部保险费或者分期支付保险费。”

交付保险费，是投保人最主要的法律特征和必备条件。保险合同是有偿合同，在保险实务中，保险费的交付通常是保险合同生效、保险人开始承担保险责任和保险合同效力维持的先决条件。现行的保险条款一般规定，合同自保险人同意承保、收取保险费并签发保险单的次日开始生效，保险人自合同生效时开始承担保险责任。因此，投保人应当按照保险合同约定的时间、地点、数额和方法，向保险人交纳保险费。

违反交纳保险费义务的法律后果，因保险种类、保险费交付方式的不同而有所区别。一次性交付保险费的，如果合同约定交付保险费为生效条件，那么投保人未付保险费则合同不产生效力；如无此约定，那么保险人可以解除合同。在非人寿保险中，保险人也可以诉讼方式请求投保人交付。约定分期交付保险费的，按照《保险法》第三十六条规定处理，即可能合同效力中止，或者由保险人按照合同约定的条件减少保险金额。

（三）危险增加的通知义务

危险增加是指保险标的的危险程度不断增强。在合同有效期内，一旦发生危险增加，投保人应该按照约定及时通知保险人。针对危险增加的情况，保险人有权要求增加保险费或解除保险合同。如果危险增加而投保人不通知保险人，因危险增加而发生的保险事故，保险人不承担赔偿责任。

（四）出险通知义务

《保险法》第二十一条规定：“投保人、被保险人或者受益人知道保险事故发生后，应当及时通知保险人。故意或者因重大过失未及时通知，致使保险事故的性质、原因、损失程度等难以确定的，保险人对无法确定的部分，不承担赔偿或者给付保险金的责任，但保险人通过其他途径已经及时知道或者应当及时知道保险事故发生的除外。”只有投保人履行了通知义务，保险人才能够迅速调查事实真相，收取证据，及时处理。

（五）安全维护义务

《保险法》第五十一条规定：“被保险人应当遵守国家有关消防、安全、生产操作、劳动保护等方面的规定，维护保险标的的安全。保险人可以按照合同约定对保险标的的安全状况进行检查，及时向投保人、被保险人提出消除不安全因素和隐患的书面建议。投保人、被保险人未按照约定履行其对保险标的的安全应尽责任的，保险人有权要求增加保险费或者解除合同。保险人为维护保险标的的安全，经被保险人同意，可以采取安全预防措施。”

（六）积极施救义务

《保险法》第五十七条规定：“保险事故发生时，被保险人应当尽力采取必要的措施，防止或者减少损失。保险事故发生后，被保险人为防止或者减少保险标的的损失所支付的必要的、合理的费用，由保险人承担；保险人所承担的费用数额在保险标的损失赔偿金额以外另行计算，最高不超过保险金额的数额。”

（七）提供证明和资料的义务

《保险法》第二十二条规定：“保险事故发生后，按照保险合同请求保险人赔偿或者给付保险金时，投保人、被保险人或者受益人应当向保险人提供其所能提供的与确认保险事故的性质、原因、损失程度等有关的证明和资料。”

二、保险人的义务

（一）保险条款的说明义务

《保险法》第十七条规定：“订立保险合同，采用保险人提供的格式条款的，保险人向投保人提供的投保单应当附格式条款，保险人应当向投保人说明合同的内容。对保险合同中免除保险人责任的条款，保险人在订立合同时应当在投保单、保险单或者其他保险凭证上做出足以引起投保人注意的提示，并对该条款的内容以书面或者口头形式向投保人做出明确说明；未做提示或者明确说明的，该条款不产生效力。”根据上述的规定，保险人的说明义务是法定义务。

在实务中，为了避免和减少保险合同双方发生纠纷，保险人必须按相对人的要求对条款予以说明从而使其了解条款的准确含义和真实目的，不得含糊和拒绝，并且保险人还应对条款的表述负责，同时承担由于表述意思不清而导致的风险。具体要求为：提请注意的语言应当是清楚的，对免责条款的提示必须达到相当程度且足以使相对人注意其存在；保险人履行提示和明确说明义务必须在订约完成前，让对方知道真实意图，以决定是否订约；提请注意的方式应当合理有效。

(二)赔偿或给付保险金的义务

这是保险人承担的主要义务，保险人支付保险金的方式、时间，均可在合同中约定，可以一次给付，也可以分期支付。保险人收到被保险人或受益人的索赔请求后，在对被保险人或受益人提供的证明、资料进行审核、调查的基础上给予赔付。保险人给付保险金的责任可因法定原因而免除。①

(三)保密义务

《保险法》第一百一十六条规定：“保险公司及其工作人员在保险业务活动中不得有下列行为：(十二)泄露在业务活动中知悉的投保人、被保险人的商业秘密。”保守商业秘密不但是商业道德的要求，同时也是一项法定义务。

(四)解约金的返还义务

保险合同解除时，保险人负有退还保险费或保险单现金价值

① 参见《保险法》第27条、43条、44条、45条、49条、52条的相应规定。

的义务。对于财产保险合同来说,“保险责任开始前,投保人要求解除合同的,应当按照合同约定向保险人支付手续费,保险人应当退还保险费。保险责任开始后,投保人要求解除合同的,保险人应当将已收取的保险费,按照合同约定扣除自保险责任开始之日起至合同解除之日止应收的部分后,退还投保人”(《保险法》第五十四条)。对于人身保险合同来说,“保险人依照前款规定解除合同的,应当按照合同约定退还保险单的现金价值”(《保险法》第三十七条第二款)。

【案例一】

人身保险投保人未尽如实告知义务,法院判决保险公司不承担赔付责任[①]

一、案情

××年2月6日,马某与某人寿保险公司签订了一份被保险人为梅某的重大疾病终身保险。合同签订后,马某按约支付了保险费。保险期内,被保险人梅某在医院抢救无效死亡。死亡诊断为:“青紫待查,先心病?”死亡原因为:“循环呼吸衰竭”。当日,投保人马某即向人寿保险公司申请赔付保险金,保险公司以被保险人梅某在投保前已患有先天性心脏病,投保人没有履行如实告知义务为由拒赔。法院另查明:被保险人梅某出生第四天即因病住院治疗,并在治疗过程中被初步诊断为先天性心脏病,但在梅的出院记录中对先天性心脏病没有确诊,同时,医院要求梅某半年后进行复查,以明确诊断是否确系先天性心脏病。

① 范兆宣.《人身保险投保人未尽如实告知义务,法院判决保险公司不承担赔付责任》.《中国保险报》,2010年10月28日.

二、案件争议的焦点及法院的审判

本案双方当事人争议有3个焦点：①梅某是否患有先天性心脏病(先心病)；②马某是否履行了如实告知义务；③某人寿保险公司关于其不应承担保险责任的抗辩理由是否成立。

一审法院根据上述事实和证据认为：保险公司以原告马某未履行如实告知义务为由拒赔的理由不充分。因为在医院都未能确诊的情况下，当事人不可能说明被保险人梅某在投保之前是否患有什么重大疾病。被告某人寿保险公司以原告马某未履行如实告知义务为由拒绝承担保险金赔付责任的理由不能成立，原告马某的诉讼请求应予支持。遂判决由保险公司依约赔付保险金。

宣判后，某人寿保险公司不服一审判决提出上诉。

二审法院根据上述事实和证据，针对梅某是否患有先天性心脏病的问题，认为：此问题只能以梅在医院的住院资料所反映的客观事实为准。医院对梅某是否患有先天性心脏病未做结论性的诊断，但梅曾被初步诊断为先天性心脏病住院治疗并尚待复查确诊的事实却是客观存在的。关于马某是否履行了如实告知义务，二审法院认为，作为投保人的马某应当知道被保险人梅某曾被初步诊断为先天性心脏病，且尚待复查以明确诊断的事实，但投保人马某在与保险公司签订保险合同时并未将上述事实如实告知公司。同时，马在填写投保单时，在所有的患病史栏目中均填写“否”，由此可见，马没有履行如实告知义务。关于人寿保险公司不应承担保险责任的抗辩理由是否成立的问题，二审法院认为，在本案中，投保人马某没有诚实地履行如实告知义务，其主、客观上均有过错，人寿保险公司关于其不应承担保险责任的抗辩理由成立，遂撤销一审判决，驳回原告的诉讼请求。

三、评　析

保险合同是一种最大的诚信合同。缔结任何合同都必须遵守诚实信用原则，诚信是合同的基础，由于保险合同所保障的是一种不确定的危险，而投保人及保险人在订立合同之前又不可能有相互必要的了解，故保险合同的订立是建立在投保人及保险人最大限度的诚实信用基础之上的，因而保险合同对于诚实信用要求特别严格。《保险法》第十六条规定："订立保险合同，保险人就保险标的或者被保险人的有关情况提出询问的，投保人应当如实告知。投保人故意或者因重大过失未履行前款规定的如实告知义务，足以影响保险人决定是否同意承保或者提高保险费率的，保险人有权解除合同。"

本案争论的焦点实质为：被保险人投保时是否履行了保险法规定及本案保险合同约定的如实告知义务。原告马某与某人寿保险公司双方自愿签订了保险合同，马也如约交付了保险费用，保险事故发生后，其作为投保人要求人寿保险公司给付保险金的诉讼主张能否成立的关键在于是否履行了如实告知义务。尽管双方当事人在一、二审诉讼中就被保险人是否患有心脏病争执不休，而医院也未对被保险人梅某做出明确的诊断，但法院判案的要点并不是要判断梅某是否患有心脏病，而是要评判原告马某是否履行了如实告知义务。在本案中被保险人梅某曾被诊断患有先天性心脏病，并待复查确诊的事实是客观存在的，马作为投保人应当知道这一事实，这是其履行如实告知义务的必要前提，但马在投保时填写了不真实的内容，并且没有将被保险人梅某患病待复查以明确诊断的真实情况诚实地告知保险人，履行如实告知义务。故其要求人寿保险公司给付保险金的诉讼请求不能受到法律保护。

四、本案启示

像本案所讲述的这种投保人在投保时未履行如实告知义务的情况现实生活中非常普遍。根据我国保险法相关规定，此种情况保险公司有权做出拒绝理赔、解除保险合同的决定，并可不退还保险金。为了切实维护自身以及保险公司的利益，被保险人在投保时务必要做到诚实信用，不要抱有侥幸心理。保险公司也应当加强对保险业务员的培训，不能为了增加保险业务忽视对被保险人健康状况的审查。此外，保险公司应当进一步完善投保前身体健康方面的检查制度，以防止类似纠纷的发生。

【案例二】

免责条款未说明，保险公司输官司[1]

某某人寿保险股份有限公司溆浦支公司（以下简称溆浦人寿保险公司）因未向投保人履行责任免除条款说明义务而遭败诉。12月19日，湖南省溆浦县人民法院一审依法判决被告溆浦人寿保险公司支付被投保人身故保险金30 000元，扣除已退的保险费8 190元，还应赔付21 810元给原告覃玉章。

2003年11月7日，该县某单位职工覃玉章、贺香连夫妇听从熟人舒采和（当时任溆浦人寿保险公司综合科科长）的推荐，带着原告的父亲覃旭光来到溆浦人寿保险公司办理康宁终身保险投保手续。舒采和安排办公室业务员邓香菊为原告办理投保手续。邓带着原告的父亲覃旭光及原告夫妇到县人民医院对覃旭光进行体检，经体检合格。

① 向斌，王碧生．免责条款未说明，保险公司输官司．中国法院网，2006年12月20日．

当天下午，原告夫妇来到溆浦人寿保险公司办理投保手续，邓菊香将她事先填好的“个人保险投保单”交给原告的妻子贺香连代签投保人覃玉章和被投保人覃旭光的名字，然后一起到营业厅交纳第一年度保险费 2 730 元。在办理该份保险业务中，溆浦人寿保险公司的工作人员或业务经办人员均没有将康宁终身保险合同条款及投保单的内容，特别是保险合同第五条责任免除的内容向投保人进行说明或告知。

保险合同生效后，覃玉章及时交纳了 2004 年和 2005 年的保险费。被投保人覃旭光于 2005 年 12 月 28 日因脑出血发作抢救无效死亡。随后，原告要求溆浦人寿保险公司按照合同约定给付身故保险金 30 000 元。溆浦人寿保险公司查明被投保人覃旭光投保前患有帕金森病、脑萎缩、老年性痴呆症等不能投保康宁保险的疾病，拒绝理赔。经多次调解，溆浦人寿保险公司仅退还了原告交的保险费 8 190 元。原告覃玉章遂诉至法院。

法院审理认为，原、被告双方签订的《康宁终身保险合同》第十条第一款规定：“订立本合同时，本公司应向投保人明确说明本合同的条款内容，特别是责任免除条款，并可以就投保人、被投保人的有关情况提出书面询问，投保人、被投保人应当如实告知。”

《保险法》第十七条第一款也做了相应的规定。被告溆浦人寿保险公司向投保人明确说明保险合同的条款内容不仅是被告的合同义务，也是其法定义务。被告溆浦人寿保险公司履行这一义务，是原告（投保人）履行告知义务的前提条件。本案中，溆浦人寿保险公司没有将合同条款特别是责任免除条款的内容向原告说明。依照《保险法》第十七条第二款规定：“对保险合同中免除保险人责任的条款，保险人在订立合同时应当在投保单、保险单或者其他保险凭证上做出足以引起投保人注意的提示，并对该条款的内容以书面或者口头形式向投保人做出明确说明；未作提示或者明确说明的，该条款不产生效力。”双方签订的保险合同第五条即责任免除条款对原告不产生效力。因此，原告请求被告支付被保险人身故保险金合法。

【案例三】

投保条款需细读，谨防理赔出意外[①]

区区几十元钱，就能换来几万甚至更高的保障金额——意外伤害保险给不少消费者都留下了“低保费、高保额”的好印象。然而，在购买意外险之后，不少投保人却发现意外险并不能完全让人们免去“后顾之忧”，不是所有的意外事故都能获得全额赔偿。这是什么原因呢？

一、意外险理赔出“意外”

为保障生活不出意外，市民李小姐在某保险公司投保了一份人身意外险。不久前李小姐被自家的狗咬了一口，她赶紧到卫生防疫站打了狂犬疫苗，前后花了近千元。考虑到被狗咬应该属于意外事故，李小姐把各种医疗费用证明送到了保险公司要求赔偿。看到李小姐出示的单据后，保险公司却表示，李小姐的意外险虽然附加了意外医疗责任，但由于狂犬疫苗不属于社保用药范围，因此只能报销治疗费用。

对此，保险专家表示，不管是什么保险，投保人都应该弄清楚保险责任和范围。该人士表示，像李小姐这样的案例，生活中发生过不少，“实际上意外险的条款都已清清楚楚地注明了保险公司赔偿的条件。如果不懂，也可以要求保险公司帮助解释。”该人士表示，“此外，保险合同约定可能还会对医院、用药都有要求，这就需要市

① 沈耀胜．投保条款需细读，谨防理赔出意外．中国保险报，2011年7月28日

民平时多和保险公司沟通，出险后也要及时和保险公司联系。”

二、意外险理赔三大项应留意

保险专家表示其实意外险并非是对所有意外都会进行理赔，投保人在购买意外险时应细读条款，并对意外险的保障功能做全面的了解。

投保人在投保前，应要求保险公司出示意外险的具体保险条款，尤其是要求保险公司对意外事故的概念进行说明；如果发生意外事故，被保险人应注意保留由医院和公安局等出具的权威凭证，可为以后向保险公司理赔提供充分证据，而且应该在保险公司通常规定的1～7天期限内尽快报案。被保险人或其受益人要求保险公司理赔意外险时，需要提交保单、死亡证明或残疾证明、医药费报销单和丧失劳动能力证明等凭证。

此外，投保人应该清楚意外险合同中规定的免责条款，保险公司只对超过免赔额的损失才进行赔付。普通意外险通常将被保险人在赛车、攀岩、滑雪、赛马和跳伞等高风险运动中发生的意外事故作为免责范围，不进行理赔。

第八章　农村小额保险的索赔与理赔

农村小额人身保险专门提供给农村低收入人群，由于其核保与索赔在确认低收入人群真实性等方面不同于传统意义上的保险，决定了小额保险在理赔管理上表现出较大的差异性。差异之一是由于农村低收入人群缺乏额外资金来支付风险成本与风险损失。对保险赔偿金的渴望程度强烈，因此要求小额保险在加强风险管理的前提下尽可能地简化理赔手续，保单持有人希望小额保险的索赔和理赔过程越简便越好；差异之二是由于小额保险承保手续比传统保险要简便，致使小额保险的赔偿与保险金给付环节已超越“理赔”本身，演变成“核保核赔双程序”；差异之三是由于农村低收入人群获得保险赔偿要求的索赔文件有时非常困难，迫使保险公司经常使用其他替代性文件完成理赔过程，加大了理赔本身的难度。

然而，由于小额保险核保程序简单，并且受操作成本、欺诈成本和道德风险等因素的影响，从开始接受保单索赔到最终圆满完成理赔，通常是一项极其繁琐复杂的过程，对小额保险提供机构如何在兼顾经营成本的前提下兼顾服务质量和理赔效率的平衡提出了巨大的挑战。为提高索赔与理赔的质量和效率，借鉴国际简化理赔程序的主要做法，一是科学合理的布局农村小额保险的服务网点，同时根据小额保险客户居住分散，交通不便等特点，授予基层营销服务部一定的小额保险理赔权限，近距离地为农村人口提供服务；二是在合作代理模式下，寻求农村金融机构与基层组织的理赔协助，在保单持有人提出索赔并且持有完备的索赔资料时，小额保险代理机构可以垫付小额保险金，然后依据索赔文件与保险机构进行集中交割，以提高小额保险的理赔时效，当然这要求小额保险代理机构需要有一定的资金实力,同时需配备更多的专业工作人员;三是提供小额保险的索赔协助,小额保险机构设置 24 小时免费电话服务,能够保证保户在出险时通过电话第一时间报案,联系到专业的工作人员,从而可以指导低收入保户在发生保险事故后如何搜集保险理赔所需要的各种材料,或者是为每位小额保险客户提供一本浅显易懂的索赔手册,进一步缩短理赔时间,提高索赔和理赔的时效;四是尽量简化小额保险业务流程,根据各地实际情况不断创新理赔服务方式,尤其是尽量减少低收入保户的索赔等待时间,确保在最短的时间内能得到理赔保险金,及时保障保户利益。①

索赔与理赔是两个相对应的概念,是被保险人行使权利和保险人履行义务的具体表现。简单地讲,索赔与理赔是投保人或被保险人行使权利和保险人履行义务的过程,它是保险合同履行的核心环节,直接体现了保险的职能。保险事故发生后,投保人或被保险人应当及时提出索赔请求。并且要遵守诚实信用原则,提供有关证据,采取积极措施,协助保险人的理赔工作。保险人亦应"重合同、守信用",理赔工作应坚持"主动、迅速、准确、合理"的原则。其中,"主动"是指保险人应主动深入现场开展理赔工作;"迅速"是指保险人应按法律规定的时间,及时赔付,不拖拉;"准确"是指计算赔偿金额应力求准确,该赔多少就赔多少,不惜赔,也不滥赔;"合理"是指赔付要合情合理,树立实事求是的作风,具体情况具体分析,即符合合同条款的规定,又符合实际情况。国际上小额保险的索赔与理赔一般经历四个流程:一是保户确认发生了保险责任范围内的风险事故并报案;二是保户及时提交理赔所需要的各项文件和资料;三是保险公司对保险事故的认定以及对索赔申

① 庹国柱,王德宝.《我国农村小额人身保险制度可持续性发展研究》.来源:《上海保险》,2010 年 1 期.

请的确认审核；四是双方当事人完成理赔过程。

第一节　索　赔

一、索赔概述

索赔是指投保人或被保险人在保险事故发生后，根据保险合同条款的规定，请求保险人履行义务的行为。它是被保险人实现其保险权益的具体体现。

二、索赔程序

索赔主要包括出险通知、采取合理的施救和整理措施、接受检验、提供索赔单证、领取保险金、开具权益转让书等步骤。

第一，出险通知。保险事故发生后，被保险人或受益人应将事故发生的时间、地点、原因及其他有关情况，以最快的方式通知保险公司，并提出索赔请求。

索赔是有时效规定的。时效有取得时效和消灭时效两种。保险索赔时效主要是消灭时效。它是指索赔超过合同所规定的请求权存在的期限时，请求权即因逾越时效期而消灭。不同的保险险种对时效有不同的具体规定。

在被保险人向保险人发出出险通知以后，索赔行为即已开始。从这时起，不再受索赔时效的限制。

第二，采取合理的施救、整理措施。

第三，接受检验。被保险人要保护出险现场，并提供检验上的方便，使保险公司能正确地、迅速地进行核赔。

第四，提供索赔单证。这是投保人或被保险人所负的索赔举证义务。索赔单证主要包括：①保险单；②账册、收据、发票、装箱单等保险标的原始单据，如为货物运输保险还应提供提单、运输合同等；③出险证明书、损失鉴定证明等证明损失原因及程度的单据，如为人身保险还应出具死亡或伤残等的证明；④保险标的所受损失的清单及施救整理费用的原始单证。

第五，领取保险金。

第六，开具权益转让书。这不是必经程序。只有在涉及第三者责任时，被保险人在领取赔款后才需要开具权益转让书，表明损失已得到赔偿，保险公司由此享有被保险人转移过来的权益，即代位追偿权。

这是传统保险发生风险事故时的理赔程序及所需要的资料。但对于小额保险来讲，在遵循传统保险程序的基础上，又有其特殊性。其索赔的过程及所需的索赔表比较简单，资料单据相对简便。

第二节 理 赔

一、理赔概述

理赔是指保险人接到投保人或被保险人的请求，根据保险合同的约定，对保险事故的发生以及造成的物质损失或人身伤害进行一系列调查审核并予以赔偿的行为。

二、理赔程序

保险的理赔通常需要经过确定理赔责任、确定损失原因、勘查损失事实、赔偿给付、损余处理、代位追偿等程序。

(一)立案检查

保险人在接到出险通知后，应编号立案。立案时，应将被保险人姓名、保险单号码、出险的时间、地点、原因以及损失约数等详细记录下来，并请被保险人填写出险通知书(一式两份)。根据被保险人报送的出险通知书，抄录有关保险单副本和批本一份，以便查勘前能了解承保的有关情况，做到心中有数。检查主要是指出险后保险人对各种保险单证的核查以及对出险现场的查勘。其中，对出险现场进行查勘是很重要的一环，对保险人来说，只有进行实地查勘，掌握第一手证据，才能做出正确的判断，为以后的确定责任及赔偿范围奠定基础。检查的主要内容有以下 3 个方面。

一是对保险合同的真实性及有效性进行检查。真实有效的保险合同是保险人承担保险责任的前提，如果保险合同不存在或没有效力，保险人即可拒绝索赔请求。

二是对索赔请求人的资格及保险标的进行检查。如果发现索赔人根本无权提出该项索赔请求或受损失的并非保险标的，保险人就应终止其理赔工作。

三是对出险的时间、地点及原因进行检查。对出险的时间进行检查在于确定保险事故的发生是否在保险合同的有效期间内，对出险地点进行检查目的在于确定保险标的是否处于合同规定的地点，同时也可以测算保险标的所受损失的程度，此外，保险人所承担的保险责任是有一定范围的，所以保险人必须对造成保险标的损失的原因进行检查，以确定发生的危险事故是否属于承保危险。经检查，如果发现保险事故不属承保危险或保险事故发生不在保险合同有效期限之内或保险标的由投保人或被保险人擅自改变坐落地点，保险人应拒绝承担保险责任。

在人身保险的场合，保险人除了需要考虑以上问题以外，还要特别调查清楚以下这些问题，以确定是否给付保险金：①索赔是否有欺诈或误告；②死亡的原因是什么，是属于正常死亡，还是自杀，抑或意外事故；③被保险人的年龄或性别是否真实；④如果被保险人失踪了，能否确定失踪地点；⑤领取死亡津贴的受益人是否是指定的受益人；⑥索赔人的伤残是否真正符合合同规定的要求；⑦医生是否提供了超额费用的账单；⑧伤残开始的确切日期是哪一天。

这里需要特别强调一下保险利益的问题。在财产保险中，保险利益不仅关系到哪些人能够成为投保人的问题，而且直接关系到哪些人享有赔偿请求权的问题。对保险标的已无保险利益的人，是不能获得保险人的赔偿的；虽有保险利益，但所能获得赔偿的数额，亦以被保险人的保险利益为限。

人身保险合同不同于财产保险合同，有两点差别需要特别指出。第一，人身保险的保险标的(人的生命和健康)是不能以价值来衡量的，故保险事故发生后所造成的损失也无法以货币来衡量。因此，人身保险合同的保险金额主要是依据投保人(被保险人)的经济状况和身体条件等来决定。第二，从原则上来说，人身保险合同未经保险人的同意可以自由转让，而财产保险合同未经保险人的同意不得随意转让。由于这两个原因的存在，在人身保险的场合，虽然要求在订立保险合同的时候必须要有保险利益的存在，但在发生保险事故的时候，并不要求享有保险金请求权的人对被保险标的具有保险利益。因此，在人身保险中的损失赔偿原则在这里并不适用。

(二)责任审核

责任审核是指保险人根据立案检查所获得的有关资料，以确定是否承担保险责任。保险人承担保险责任必须具备一定的条件，保险人必须根据事实，认真思考，全面分析，对各项条件逐一进行审核，做出正确的判断，该承担责任的决不推脱，不该承担责任的也不应该迁就。尤其在多个原因造成损失的场合，保险人在审核因果关系时，必须以实事求是的态度，根据有关规定，分清近因和远因、主因和次因，做出正确合理的决定，对于拒赔案件，一定要慎重处理，提出充分的根据。依中国人民保险公司的规定，保险人决定拒赔后，应报上级公司审核批准。被保险人如有异议，要认真考虑，再做深入了解，重新研究。

(三)核算给付金额及给付保险金

保险人给付金额包括实际损失和用于施救、诉讼等项合理费用两部分。在核算给付金额时，实际损失和合理费用分别计算，每项金额不得超过合同规定的保险金额。

首先，对保险标的实际损失的计算，应以保险事故发生时保险标的实际现金价值为准。换言之，即以损失时的市场价格为准。当然，对定值保险及重置成本保险则另当别论。在核算给付金额时，要注意被保险人按什么价格报损，是否合理。在我国的保险实践中，中国人民财产保险公司对工业企业的流动资产，如原材料和辅助材料的损失，只按进货价赔偿；半成品按其成本价赔付；成品按出厂价投保的按出厂价赔付，按成本价投保的只按成本价赔付。对商业企业的流动资产，如以进货价投保的，按进货价赔付；以销售价投保的，按销售价赔付；包装物按账面价投保的，依账面价赔付。此外，在核算实际损失时，还应分清哪些是保险标的损失，哪些不是保险标的的损失；哪些是直接损失，哪些是间接损失。对于不属于赔付金额范围内的损失，应予剔除。

其次，要注意施救费用包括什么项目，是否合理、必要。施救费用是指保险事故发生时而为施救所支出的费用，保险事故发生前所为预防措施而支出的费用一般不应包括在施救费用之中，但在某些特殊情况下，危险事故虽然未发生，但种种迹象表明危险将要发生，为避免保险标的因必然发生的危险造成更大的损失，虽然是保险事故发生之前支出的费用，保险人亦应予以赔偿。另外，为施救所支出的费用必须是合理的、必要的。对于施救费用是否合理、必要，保险人不能凭主观臆断，应根据当时的情况，进行全面具体的分析，以做出科学合理的判断。

经核算确定给付金额后，保险人应按合同约定或法律规定的时间，迅速予以给付，如果迟延，将承担违约责任。

(四)损余处理、代位追偿

在财产保险中，受灾的财物有时还有一定价值，保险公司在全部赔付后，有权处理损失物资。也可将损余物资折价给被保险人，以充抵保险金。如果损失原因属于第三者责任，保险人赔偿后即可行使代位权向第三者追偿。代位权是指原债权人将所有各种利益转让给第三人，第三人在其转让的范围内行使其债权。保险人的代位追偿权是债的代位权在保险关系中的运用。它是各国保险法共同承认的债权转移制度。实行代位追偿权的依据是：保险合同为损失补偿合同，被保险人所得赔偿不得超过其保险利益，不能因保险关系而取得额外的利益。当保险标的因发生保险事故而遭受损失时，如事故是由第三人的行为所致，则被保险人既可以因第三人的侵权或违约行为向其提出赔偿请求；同时又可从保险人方面获得赔偿金。如果是这样的话，被保险人就可取得双倍于损失的补偿，这与保险合同的补偿原则是相悖的。因此，被保险人如果从保险人处取得补偿后，应将赔偿请求权转移给保险人。但是，在被保险人获得保险人的赔偿后，如果让有过失的第三者逃避他在法律上应负的赔偿责任，这又违反了社会公平的原则。为了既遵循保险的补偿原则，又体现社会公平的原则，各国法律均对代位追偿做出了规定。需要特别指出的是，保险人的代位追偿权仅仅适用于财产保险，人身保险中不存在代位权。

小额保险服务低收入人群，因此理赔服务质量是关系小额保险发展全局的大事，理赔环节是衡量保险公司服务质量最重要的环节之一，也是小额保险购买者实现投保价值的真实体现。农民从众心理严重，保险公司以往的部分非诚信行为使“投保容易理赔难”广为相传，导致其对保险普遍不信任。在调查中，75.8％的农民表示“如果保险公司社会形象好，会主动购买”。这说明农户买保险与否，与保险公司的信誉好坏密切相关。而在“如果您已经购买保险，之后最关注什么”这一项调查中，71.6％的农民选择“保险公司是否及时赔付”，14.4％的农民选择“保险公司赔多少”，即86％的农民非常关注保险公司的理赔质量。交谈中得知，有的农户买了人身保险，但是自身对保险相关知识极其缺乏，无法进行索赔，加之保险营销员流动较快，因此，很多农民在发生保险事故后，由于对索赔的程序和准备不清楚，导致茫然无措，转而怪及保险。另外，农村网点少、交通不便，来回麻烦等更降低了农民对购买保险的兴趣。所以基于此，要不断完善以保险公司县支机构为依托，以营销人员、销售网点、兼业代理、合作代理人等为辐射的服务体系建设，建立健全服务制度和考评体系，采取切实措施，提高服务质量。首先保险公司要简化理赔程序。对于小额保险来说，由于其保险金额较低，投保人的知识、精力有限，更要简化理赔程序，减少理赔所需要的文件，最大限度地减少理赔环节可能给低收入者带来的成本。否则很可能出现低收入者由于害怕理赔而排斥保险的现象，或者出现低收入者买了保险不敢理赔的情况，这些都将极大地损害低收入者的利益，影响保险公司的声誉。其次，保险公司要加快理赔速度，提高理赔质量。为低收入者提供小额保险理赔服务，关键要做到两个字——“快”和“准”。“快”是指迅速受理客户索赔申请，对于能在营销服务部门解决的索赔，要尽量在当时解决。“准”是指公司理赔人员需要对引起保险事故的原因做出准确的判断和认定，并正确计算给付金额，对于可以给付的，要以最快速度向客户给付保险金，对于因除外责任和非保险责任范围不能给付的，一定要坚持原则，不能把低收入保户视作扶贫对象，“滥赔”或“通融赔付”，但同时一定要对客户做详细耐心的解释和说明，尽最大努力消除客户的误会或疑惑[①]。其次是积极创新业务管理流程，充分发挥合作机构在理赔服务方面的作用，使之分担一定的管理工作，加快理赔时效性，帮助农民尽快恢复生产生活，增进农民对小额保险的信任。再次要及时进行客户回访，通过有效沟通，了解客户对理赔服务工作的意见和需求，不断提高理赔服务

① 辛桂华.《我国农村小额人身保险市场发展问题探析》. 来源:《北方经济》, 2009 年第 16 期.

质量。保单的销售不是一次性交易。续保率是保险经营非常重视的指标。对小额保险购买者而言,在一个保险期间内未出现保险事故,低收入者未得到赔偿,他们就可能放弃续保。因此保险公司要做好客户回访工作,及时与投保人沟通,结合新产品推介等活动,倾听客户意见,更新客户信息,通过对客户回访,使现有的客户成为公司的永久忠实客户。保险公司可以定期到低收入者聚集的社区或工地提供现场服务,了解投保人在投保或理赔过程中遇到的问题,倾听顾客的意见和建议,及时改进工作,同时吸引更多的低收入者加入投保队伍。除此之外,保险公司还应定期为投保人提供诸如健康咨询、身体检查等附加服务,一方面树立起保险公司服务大众的良好形象,另一方面也帮助投保人控制潜在风险,降低风险发生概率。

【案例一】

紫貂死亡案

1986 年,人保某公司承保一野生动物养殖总场种用紫貂2 280只,总保险金额为 456 000 元,每只保险金额为 200 元(系由双方协商按每只平均进价 260 元的 7～8 成确定)。保险费率为 12.5%,收取保险费 57 000 元。双方约定冬季(11 月份至翌年 4 月份)残值扣除比例为 50%;夏季(5～10 月份)残值扣除比例为 10%;保险责任为意外事故和疾病死亡等。

保险期限内,因群体较大死亡时有发生,且现场较远,故双方约定发生死亡的紫貂尸体由场方负责冷冻保管,除冬、夏季的临界点必须到现场查勘以外,其他时间每月 1 次。凡查勘过的紫貂尸体场方即可自行处理。赔款待保险期限结束后一并结案处理。

期间,首次查勘时死亡的紫貂尸体为 17 只。待第二次查勘时紫貂尸体为 31 只。查勘人员感觉到损失标的有与首次查勘重复的现象。经询问管理人员得知其中含有上次的 17 只，未来得及处理。

为确保损失数量的准确性，双方商定为不影响残值，在每次查勘完损失数量后即把损失标的前爪去(剁)掉，作为标记，以免重复统计损失数量。

在查勘过程中还发现，饲养的紫貂总数也有所增加。到保险期限截止时，该场现存保险标的数量及损失数量如下：现存拦数量为 2 398 只，总饲养数量为 2 780 只。

经查财务账、兽医日志和饲养员手册，该场为扩大生产规模，于保险期限内新进紫貂 500 只，尽管分开饲养，但也有串栋现象发生，同时死亡的标的中也含有新进的紫貂。为此经双方协商按投保数量占总养殖数数量的比例计算赔付。

总计损失数量为 382 只，其中：冬季损失数量为 235 只，夏季损失数量为 147 只。

冬季损失金额为：235 只×200 元/只×(1－50%)＝23 500 元。

夏季损失金额为：147 只×200 元/只×(1－10%)＝26 460 元。

总赔款为：(23 500 元＋26 460 元)×2 280 只÷2 780 只＝40 974.38 元。

分析：此案是国内保险业务恢复初期的农业保险试办期间典型的动物死亡保险，赔付率为 71.88%。通过此案应该注意以下几点。

第一，查勘现场时应特别注意对查勘过不能马上处理的损失标的(尸体)，做明显的标记，以防止重复统计损失数量。此案开始时因缺乏经验未对尸体进行处理或做标记，险些出现重复统计损失数量的现象。

在其他养殖业保险如大牲畜保险中也应当注意这个问题，防止不良客户移动尸体后利用其他保单(或本保单的其他标的)重新索赔。

第二,未保险动物尸体与保险标的混在一起且无法区分,应分摊赔付。

第三,不能剔除饲养总数超出投保数量的差(500只)进行赔付的原因:

①此案发生在国内保险业务恢复初期,尚无此方面的经验与规定;

②条款和签订合同时也未规定;

③并非是投保人有意少投保,而是在保险有效期内发生的变化,并非是被保险人的故意行为;

④标的无法分清。

【案例二】

役耕牛被撞案

某农民将其饲养的役用耕牛向保险公司投保大牲畜保险,保险金额为1 000元,交纳保险费80元。双方约定残值比例为30%。在保险期限内,保险标的在公路上被一卡车撞死,经交通部门调解,在尸体归畜主的情况下,卡车车主赔偿被保险人2 800元。被保险人同时向保险公司报案索赔。

保险公司经调查并将所有材料取证后,形成拒赔案卷,正式下达拒赔通知书通知被保险人。

分析:此案中被保险人已从肇事车主处获得了足额的赔偿,故保险公司不应再重复赔付。

【案例三】

雏鸡火灾损失案

某保险公司按所附条款承保某户 8 000 只肉鸡(此项业务为投雏企业在发出鸡雏的同时予以投保,每户饲养数量较少,但户数和投雏数量相当大,为叙述方便,此处称承保一户)。投雏日期为 2002 年 11 月 1 日,于 2002 年 12 月 4 日发生火灾事故。经现场查勘及消防部门等有关资料证明确认事故属于保险责任范围。该户投保的 8 000 只鸡分在两栋鸡舍内,火灾烧毁一栋,并将舍内肉鸡全部烧死。经清点:未烧毁的鸡舍内鸡只数量为 3 821 只,死亡鸡只数量因烧损严重无法清点。经调查了解到,该户运回鸡雏即分两栋饲养,每栋 4 000 只。与查勘情况基本一致,故按照条款规定计算赔款如下。

赔款＝鸡只死亡数量×(1－死淘率 5%)×日累计成本＝4 000只×(1－5%)×10.268 5 元/只＝39 020.3 元。

分析:此案中的损失数量难以确定,是根据投保数量、养殖户的饲养方式和现场情况等推定部分全损获得的。

农村小额保险要方便快捷。由于农村地域广,交通不便,能否为农村客户提供快捷方便的保险服务及较高的理赔效率,是农村小额保险实现广覆盖的关键因素。因此,在扩大接报案和理赔申请主体、下放理赔权限、优化理赔流程等方面,对于管理规范的农村服务网点,保险公司应该授予其一定范围内的理赔权限,以提高理赔效率。保证理赔的快速、及时、合理,这样一是可以培养忠诚度,二是可以降低成本。主要的处理方式:通过现代化的信息技术快速理赔;增加代理机构的理赔处理功能;简化理赔的流程,减少单据、证明的索要;在拒赔时要尽量减少影响,努力将拒赔转化为一个保险教育的机会,提高低收入人群对于小额保险的理解。例如：医疗保险金的支付最好采取即时报销，因为低收入人群没有足够的现金去先支付医疗费，然后再报销。但这同时对于保险公司的管理水平、信息技术、核赔水平提出了挑战。所以就需要产品设计时，要简单明了，考虑全面，设计合理的理赔手册，保证可以及时地支付保险金。同时保险金的支付形式也应体现多样性(现金、服务等)。对于主要劳动力的死亡保险，还应在产品中体现对于家庭收入损失的补偿，真正的体现小额保险保护穷人的本质。

参考文献

[1] 梁涛．农村小额人身保险．北京：中国财政经济出版社，2008.

[2] 庹国柱，等著．“三农”保险创新与发展研究．北京：中国金融出版社，2009.

[3] 朱俊生，等著．建设社会主义新农村与“三农”保险创新．北京：中国金融出版社，2008.

[4] 冯登艳，等著．新农村建设中的农业保险问题．北京：知识产权出版社，2009.

[5] 冯文丽，杨美．农业保险投保指南．北京：中国农业出版社，2011.

[6] 龙文军．细数农业保险：农业保险百问百答．上海：上海财经大学出版社，2011.

[7] 刘布春，梅旭荣．农业保险的理论与实践．北京：科学出版社，2010.

[8] 庹国柱，王德宝．我国农村小额人身保险制度可持续性发展研究．上海保险，2010.

[9] 刘玉焕．农村小额人身保险试水面临的难题及对策．中国保险，2008(9).

[10] 林熙，林义．印度农村小额保险发展经验及启示．保险研究，2008(2).

[11] 赵阿兴，叶楠．我国农村小额保险经营模式的利弊分析．保险研究，2008(8).

[12] 周强．农户小额贷款保证保险问题探析．中国保险，2011(6).

[13] 崔鹏．中国人寿农村小额保险业务的发展与启示．中国保险,2011(5).

[14] 郭文革．广东省政策性农村住房保险实践与思考．中国保险,2011(2).

[15] 钱振伟,华日新,彭博．云南政策性森林火灾保险试点调查．保险研究,2011(9).

[16] 粟榆,李琼,李池威．我国农村小额人身保险运行回顾与评价．保险研究,2010(12).

[17] 王卫国．河北省农村小额保险存在的问题及对策．中国保险,2010(7).

[18] 王卫国．农村小额保险的制约因素及对策．经济导刊,2010 年(10).

[19] 李佳．河北省农村小额保险发展策略与路径研究．农业经济,2010(11).

后　记

出版一本通俗易懂的农村小额保险读物，帮助农民朋友分散生产和生活中遇到的风险及损失，进而帮助他们摆脱贫困、提高致富的能力是我们应尽的责任。非常感谢金盾出版社的领导和王贺春编辑给我们提供了这次宝贵的机会！

本书由河北农业大学的三位老师凌湄、王卫国、袁淑辉和中国人保财险地区销售主管宋广军同志共同编写。在编写过程中，我们参阅了大量的文献资料，包括专家学者的研究成果，国内保险公司的保险条款和国内保险类报刊，如《中国保险报》、《保险研究》、《中国保险》、《上海保险》等报刊上发表的相关文章和保险案例。在此表示最诚挚的谢意！

在本书写作过程中，河北农业大学经贸学院的领导和同事们给了我们巨大的支持和帮助，在此向他们表示感谢！硕士研究生梁晓宁、齐红娜、郭丽、王雪艳等，协助我们深入到农村调查农村小额保险的开展情况，并对收集的问卷进行统计分析。没有他们付出的辛苦，就没有本书的顺利完成。在此，一并表示感谢！

我们对农业保险的研究刚刚起步，欢迎国内外专家学者给以批评指正！我们坚信，您的赐教是我们前进的动力。同时，我们向所有研究农业保险的同行表示最诚挚的敬意！

编著者